Ernst Wrba

# Hessen

## Radeln für die Seele auf alten Bahntrassen

Droste Verlag

# ALLE TOUREN AUF EINEN BLICK

**Schlösschen Schönberg in Hofgeismar**

Philippsthal 24
Malkomes 1,4
HESSEN
D-ROUTE
HESSEN
Bad Hersfeld 9,3
Sorga 3,6
R7
D-ROUTE

# Liebe Genussradler,

dank der Radwege auf alten Bahntrassen kann man ohne große Steigungen entspannt durch die hessischen Mittelgebirge radeln. Die Wege führen durch stille Täler, weite Felder, grüne Weiden und idyllische Auenlandschaften. Über erhöhte Bahndämme, durch tiefe Taleinschnitte und manch einen Tunnel erreichen Sie dichte Wälder und aussichtsreiche Höhen. Entdecken Sie versteckte Mühlen, romantische Burgruinen, prächtige Schlösser, verträumte Fachwerkstädtchen mit Kopfsteinpflaster, mittelalterlichen Mauern und netten Cafés und Restaurants. Unterwegs laden immer wieder gemütliche Biergärten, Picknickplätze unter schattenspendenden Bäumen oder Bänke an Aussichtspunkten zum Rasten und Entspannen ein. Die 15 ausgewählten Touren führen meist fernab der Hauptverkehrswege durch ländliche Regionen ohne Gewerbe- und Industriegebiete. Sie fahren durch die unterschiedlichsten Landschaften in Westerwald und Taunus, zu den Vulkankegeln im Vogelsberg und in der Rhön, Sie machen Abstecher nach Thüringen und fahren durch Mittel- und Nordhessen bis ins Sauerland und an die Weser. Die Startpunkte der Radtouren sind so gewählt, dass man sie meist mit der Bahn erreichen, dort aber auch mit dem Auto günstig parken kann. Auf einigen Strecken verkehren Linienbusse mit Fahrradanhängern für die Anreise oder die Rückfahrt. Bei den meisten Routen kann man nach der Radtour noch schön einkehren, Museen besuchen oder Altstädte besichtigen.

Ich wünsche Ihnen beim Radeln durch das wunderschöne Hessen viel Freude und Entspannung.

Ihr Ernst Wrba

**NATUR-INFO**

**KULTUR-INFO**

**TOUREN-/EVENT-INFO**

**GENUSS-INFO**

* 19 Kilometer
* 135 Höhenmeter
* 2,5 Stunden
* Streckentour

Schloss Weilburg

# Flüssetreffen

## Von Weilburg ins romantische Weiltal

Wir verlassen das Bahnhofsgebäude in **Weilburg** nach links Richtung Stadtmitte, schieben die Räder am besten auf dem Gehweg etwa 100 Meter bis zum **Busbahnhof,** hinter dem wir links abbiegen. Nun fahren wir auf dem **Lahntal-Radweg** zwischen der Bahnhofstraße und dem Oberlahnbad Richtung Stadtmitte, biegen vor dem Rudersportclub rechts ab und folgen dem Weg zwischen Straße und Lahn entsprechend der Beschilderung bis zur historischen **Steinernen Brücke ❶**. Links von uns, auf dem Felssporn, thront majestätisch die große Barock- und Renaissanceanlage des Weilburger Schlosses.

Wir überqueren auf der Steinernen Brücke die Lahn, biegen unmittelbar danach rechts ab und folgen dem Verlauf der Straße, die entlang der Lahnschleife die Altstadt halb umrundet. Vorbei am Festplatz, der als Wohnmobilstellplatz genutzt wird, erreichen wir die kostenlosen **Parkplätze Im Bangert,** von wo sich für die Autofahrer unter uns die Tour gut starten lässt.

*Ein kulturelles und musikalisches Highlight seit Jahrzehnten sind die Weilburger Schlosskonzerte. Die internationalen Musikfestspiele finden in der Schlosskirche, der Unteren und Oberen Orangerie, der Alten Hofstube und bei schönem Wetter open air im Renaissancehof statt.*

Kurz bevor wir die vorfahrtberechtigte Weilstraße erreichen, die aus einem Tunnel kommt, führt links ein Weg auf den **Mühlberg,** über den man Schloss und Altstadt erreichen kann. Den äußerst lohnenden Abstecher sollte man am besten nach der Rückfahrt machen und dafür genügend Zeit einplanen. Hauptsehenswürdigkeit der Residenzstadt auf der Spitze des Bergsporns, den die Lahn umfließt, sind das **Schloss und der Schlossgarten ❷**. Die Schauräume bieten Einblick in die höfische Wohnkultur aus vier Jahrhunderten. Den **Marktplatz ❸** überragt der mächtige Turm der **Schloss-**

Steinerne Brücke in Weilburg

Das Weilburger Hochschloss zählt zu den bedeutendsten Renaissancebauten in Hessen. Im Barock wurde die Anlage wesentlich erweitert und erstrahlt heute mit einem prächtigen Schlossgarten und zwei Orangerien.

**kirche,** die man von hier aus betreten kann. Vor dem Baukörper der Kirche steht das **Alte Rathaus,** in dem heute das schöne **Bistro Altes Rathaus** ④ mit seiner Terrasse neben dem **Neptunbrunnen** Gäste einlädt. Rechts von Rathaus und Schlosskirche gelangt man zum **Schlossgarten**. Die Altstadt bietet noch mehr Einkehrmöglichkeiten wie die **Alte Rentkammer** mit gehobener Küche, **Joseph's Restaurant** mit mediterranem Essen, das **Edo** mit japanischer Kochkunst oder die **Turmschmiede,** die Kaiserschmarrn und andere österreichische Spezialitäten offeriert. Eine Mischung aus Restaurant, Café und Bar findet sich im **Tommy's** am unteren Ende der Neugasse, in der es auch zwei Eisdielen gibt.

Wir biegen nun Im Bangert rechts ab auf die **Weilstraße** und machen kurz Halt auf der Brücke über die **Schleuse,** in der sich meist mehrere Kanus tummeln. Hinter der Schleuse befindet sich der südliche Ausgang des **Schiffstunnels** ⑤, den Herzog Adolph von Nassau 1847 erbauen ließ und der bis heute der einzige schiffbare Tunnel Deutschlands ist. Wir verlassen die Weilstraße, bevor sie in einer Linkskurve unter einer

## Für die Seele

Von der Residenzstadt über der Lahn radeln wir entspannt am Fluss entlang und dann über die Bahntrasse durch das idyllische Weiltal und das Bleidenbachtal in den Taunus.

Eisenbahnbrücke weiterführt, geradeaus auf den schmalen Uferweg am Fluss. Dem folgen wir zwischen dem üppig bewachsenen Lahnufer und dem Bahndamm der Lahntalbahn.

Nach einer langgezogenen Rechtskurve überqueren wir die **Weil,** die hier in die Lahn mündet. Kurz danach verlassen wir den Lahntalradweg und folgen dem Wegweiser Richtung Weilmünster durch einen Tunnel unter der Bahnlinie, hinter der wir einen U-Turn machen. Auf dem rechts der Straße liegenden Radweg fahren wir 300 Meter und stoßen auf das **Ristorante**

**Schlossgarten Weilburg**

**Pizzeria Jimmy** ⑥ in einem alten Fachwerkhaus mit schönem Biergarten. Am Lokal vorbei fahren wir auf dem Radweg an der Weilstraße entlang eines Industriebetriebs. Am Ende des Radwegs biegen wir rechts ab, überqueren erneut die Weil und fahren hinter der Brücke am Fluss entlang durch Wald weiter. Der asphaltierte Weg geht in einen Forstweg über und gabelt sich kurz danach. Wir halten uns links und befinden uns ab hier auf der alten Bahntrasse der Weiltalbahn. Bis Weilmünster ist der Weiltalweg eher als Wanderweg denn als Radweg ausgeschildert. Trotzdem finden sich genügend Wegmarkierungen, um sich nicht zu verfahren. In den Bereichen der Bahntrasse entspricht die Wegoberfläche einem gepflegten Forstweg. Die gesamte Infrastruktur wie auch die Rastplätze wirken etwas in die Jahre gekommen.

Zunächst plätschert die Weil im hier noch recht engen bewaldeten Tal dicht entlang des Wegs. Kurz vor **Freienfels** geben die Bäume den Blick auf die Um-

Die Orangerie

gebung und die Burgruine über dem Tal frei. Der Weg führt vorbei am schönen alten **Bahnhofsgebäude,** in dem es lange ein Café mit Biergarten gab, überquert dann eine Straße und führt 450 Meter durch Wald bis zu einer Gabelung. Um einen 750 Meter langen Abstecher zur aussichtsreichen und öffentlich zugänglichen **Ruine Burg Freienfels** 7 zu machen, biegt man hier ab und fährt auf einem Forstweg leicht bergauf bis zur ersten Kreuzung, an der man scharf rechts und weiter den Berg hinauffahren muss. Nach den ersten Häusern von Freienfels biegt man rechts in die Burgstraße ab und erreicht das Burgtor. Die Ruine versprüht zwar wenig romantisches Flair, ist eher Eventlocation mit entsprechender Infrastruktur. Aber der Bergfried lohnt den Abstecher zur Burgruine wegen seines wunderbaren Ausblicks auf das Weiltal und den Taunus.

Zurück auf dem Weiltalweg setzen wir die Fahrt auf der schattigen Bahntrasse fort bis **Essershausen,** wo wir am ehemaligen Bahnhofsgelände die Trasse verlassen und der Beschilderung mit dem Symbol für den Weiltalweg folgen. Zurück auf dem Bahntrassenweg treffen wir bald auf den **Rastplatz Grube Fritz** **8**. Nur 200 Meter von hier, im südlichen Seitental, befand sich der Zugang zur Grube Fritz, in der Eisenerz abgebaut, über Loren hierher transportiert und über Rampen auf die Waggons der Weiltalbahn verladen wurde. Mauerreste sind noch vorhanden, dazwischen plätschert der Wasserfall des Ratsbachs, der ab dem Bergwerk über einen Kanal immer noch hierher geleitet wird, die Felsen hinunter.

In **Ernsthausen,** bei der Kirche und einem schönen Spielplatz, führt der Radweg ab einem Stoppschild geradeaus weiter über den Bahnhofsweg parallel zur Bahntrasse bis zum ehemaligen Bahnhofsgebäude, vor dem sich ein neuer überdachter Rastplatz befindet. Nach dem Bahngelände führt der Weitalweg wieder auf der geschotterten Trasse weiter. Bei Lützendorf kurz vor **Weilmünster** verlassen wir die Bahntrasse mit einem leichten Schlenker nach links auf ein parallel weiterführendes asphaltiertes Sträßchen. Nach genau 500 Metern müssen wir an einem kaum mehr lesbaren, verwitterten Schild um 180 Grad nach links Richtung Schiefergrube und sofort danach wieder in einer Kehre nach rechts abbiegen. Dieser Weg führt uns nach Weil-

Wasserfall an der ehemaligen Grube Fritz

münster, wo wir am Froschgraben auf das erste Wohnhaus treffen und mit einem erneuten Links-rechts-Schlenker durch die Hintergasse geradeaus weiterfahren. Sie trifft auf die Hauptstraße. Hier können wir einen kurzen Abstecher geradeaus in die **Ortsmitte** machen. Dort trifft man zuerst auf das **Restaurant Zum Posthaus** ⑨ im Bürgerhaus mit thailändischer und deutscher Küche und gegenüber auf das **Eiscafé Arcobaleno** ⑩. Dahinter befindet die evangelische **Kirche** ⑪ mit barockisiertem Innenraum und frei stehendem mittelalterlichen Glockenturm. Das Fachwerkhaus daneben wurde im 17. Jahrhundert als **Nassauisches Amtshaus** ⑫ errichtet. Über dem Ort erhebt sich der **Kirbergturm** ⑬, der an Wochenenden als Aussichtsturm geöffnet und Teil der ehemaligen Stadtmauer ist.

Zur Fortsetzung der Radtour auf der Bahntrasse nach Laubuseschbach, biegen wir auf die Hauptstraße in westlicher Richtung rechts ab, nehmen die nächste Linksabzweigung, nach der wir uns ganz links halten und durch die **Laubuseschbacher Straße** fahren. Sie trifft

*Die Streckentour ist mit 19 Kilometern relativ kurz. Aber da es am Tourende in Laubuseschbach keinen Bahnanschluss gibt und der Fahrradbus nur bis Weilmünster fährt, bietet sich die Rückfahrt mit dem Rad auf derselben Strecke an. Man benötigt etwa 1 Stunde.*

auf die **L 3054,** die wir überqueren und auf dem Radweg links der Landstraße weiterfahren. Hier befinden wir uns wieder auf der alten Bahnlinie, die bis zu ihrer Endstation parallel zur Straße auf eigener, asphaltierter Trasse leicht ansteigend verläuft.

Mitten im Grünen liegt das **Freibad Weilmünster** ⑭ am Bleidenbach. Unser Weg führt weiter, gerahmt von alten knorrigen Bäumen und Haselnusssträuchern. Hinter einer Baufirma überqueren wir eine kleine Straße, die in das Burbachtal führt. Weiter geht es nun etwas stärker ansteigend durch das bewaldete Tal, durch das sich von Wiesen umgeben der **Bleidenbach** schlängelt. Schließlich wechselt der Weg die Straßenseite und führt durch einen Taleinschnitt weiter, an dessen Ende wir beim Bahnhofsgelände von **Laubuseschbach** die Trasse nach rechts verlassen müssen. Hier steigt der Weg nochmals etwas an, bevor er wieder bergab an der Kreuzung mit der Hauptverkehrsstraße endet. Hier ist auch das Ende unserer Radtour. Gegenüber befindet sich der **Gasthof Jägerhof** ⑮ mit preiswerter, aber guter Küche, nur leider ohne Biergarten.

**Auf dem Bahntrassenradweg im Bleidenbachtal**

## Weiltalbahn

Die Weiltalbahn war eine 22 Kilometer lange eingleisige Strecke, die seit 1890 von Weilburg durch das Weiltal nach Weilmünster und ab 1909 bis nach Grävenwiesbach führte. 1892 kam ein 5 Kilometer langer Abzweig von Weilmünster nach -Laubuseschbach hinzu. Die Bahn wurde in erster Linie erbaut, um die damals reichen Rohstoffvorkommen der Region abzutransportieren. Die Reste einer der ehemaligen Verladeanlagen sind heute noch am Rastplatz Grube Fritz zu erkennen. In Grävenwiesbach bestand Anschluss an die Taunusbahn, die nun als Linie 15 des Rhein-Main-Verkehrsverbunds (RMV) in Betrieb ist.

Philippstein
Weilburg
DB
456
Hasselbach
Odersbach
Bermbach
Kubach
K 490
K 411
K 423
Lahn
Kirschhofen
Weilstraße
L 3323
L 3451
Laimbach
Altenkirchen
K 422
L 3025
Edelsberg
Essershausen
K 420
K 424
K 425
Freienfels
Ernsthausen
Gräveneck
L 3452
L 3021
Lützendorf
K 434
Weinbach
L 3054
Weil
Weilmünster
K 833
Aulenhausen
K 442
K 426
Kombach
Weinbach
L 3025
Elkerhausen
L 3054
Bleidenbach
Blessenbach
Rohnstadt
K 444
Aumenau
K 439
K 443
Laubuseschbach
Langenbach

# Alles auf einen Blick

Entspannung ✱✱✱✱✱
Genuss ✱✱✱✱✱
Romantik ✱✱✱✱✱

**WIE & WANN:**
**Radweg auf der Bahntrasse großenteils geschottert wie ein Forstweg, zwischen Weilmünster und Laubuseschbach asphaltiert, kurze Abschnitte auf wenig befahrenen Straßen, geringe Steigung. Schönste Radelzeit von Frühling bis Herbst.**

**HIN & WEG:**
**Auto:** Parkplatz Im Bangert, 35781 Weilburg (GPS: 50.483, 8.26171)
**ÖPNV:** Bf. Weilburg (RB), Fahrradbus: Weiltalbus RMV Linie 245 zwischen Weilburg und Weilmünster

**ESSEN & ENTSPANNEN:**
**Bistro Altes aRthaus** ❹ Marktplatz 9, 35781 Weilburg, Tel. (0 64 71) 6 29 93 88, www.altes-arthaus.de
**Ristorante Pizzeria Jimmy** ❻ Weilstraße 4, 35781 Weilburg, Tel. (0 64 71) 73 61, www.jimmys-weilburg.de
**Restaurant Zum Posthaus** ❾ Hauptstraße 19, 35789 Weilmünster, Tel. (0 64 72) 8 33 57 83, www.posthaus-weilmünster.de
**Eiscafé Arcobaleno** ❿ Hauptstraße 16, 35789 Weilmünster, Tel. (01 70) 1 86 26 67, www.gelateria-arcobaleno.com
**Gasthof Jägerhof** ⓯ Laubusstraße 36, 35789 Laubuseschbach, Tel. (0 64 75) 16 60

**ENTDECKEN & ERLEBEN:**
**Steinerne Brücke ❶; Schloss und Schlossgarten ❷**
**Marktplatz ❸; Schiffstunnel ❺**
**Ruine Burg Freienfels ❼; Rastplatz Grube Fritz ❽**
**Kirche ⓫; Nassauisches Amtshaus ⓬**
**Kirbergturm ⓭; Freibad Weilmünster ⓮**

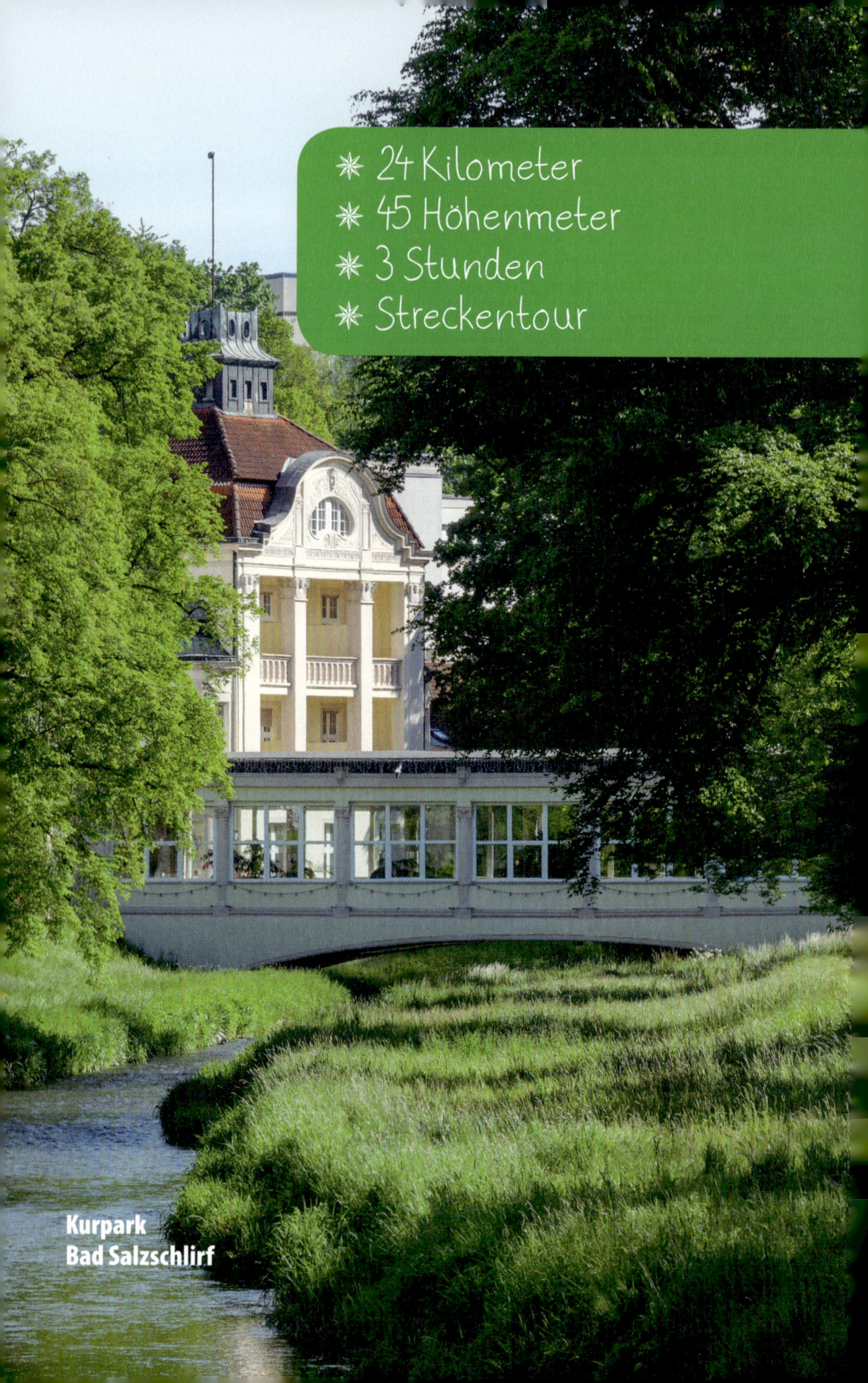

- 24 Kilometer
- 45 Höhenmeter
- 3 Stunden
- Streckentour

**Kurpark Bad Salzschlirf**

# Auen und Burgen

## Schlitzerland im Vogelsberg

Vom kostenlosen Parkplatz am Kurpark von **Bad Salzschlirf** neben dem Wohnmobilstellplatz nehmen wir den kleinen Pfad mit dem Wegweiser zum Kurpark, unterqueren eine Straßenbrücke, fahren danach geradeaus, bis wir zwischen **Hotel Badehof** und Trinkhalle den Kurpark erreichen. Vor dem Badehof mit den Kolonnaden fahren wir rechts zur **Lindenstraße** und hier links durch den netten kleinen Kurort bis zur **Bahnhofstraße** bei der **Pizzeria Roma** ❶. Dort biegen wir am Ende des **Kurparks** ❷ links ab, überqueren die Altefeld und fahren bis zu einer Gabelung, wo der **Angersbacher Weg** rechts von der Bahnhofstraße abzweigt. Auf diese Gabelung trifft man auch aus der entgegengesetzten Richtung, wenn man am **Bahnhof** gestartet ist. Ab hier folgen wir dem **Vulkan-Radweg** und dem **R 7a.**

Wir überqueren die **Lauter,** die hier nach wenigen Metern, genau wie die Altefeld, ihren Namen einbüßt, da die beiden Gewässer in einer Flusshochzeit zur **Schlitz** werden. Deren Ehe wird allerdings bis zur Mündung in die Fulda nur 13 Kilometer halten. Über unseren Köpfen überspannt die vor sich hin rostende Brücke der Bahnstrecke Bad Salzschlirf–Niederjossa das Tal, auf deren Trasse wir gleich fahren werden. Unmittelbar dahinter biegen wir rechts Richtung Schlitz ab. Wir durchqueren den alten Bahndamm, den hier keine Brücke mehr verbindet, und fahren danach links. Wir folgen dem Verlauf des Wegs auf der Brückenstraße, bis wir kurz nach einer Kläranlage auf der Bahntrasse die Fahrt fortsetzen können. Der Weg führt uns nun ganz eben am linken Rand des Tals

*Die Bahnlinie durch das Schlitz- und Fuldatal bestand seit 1898 bzw. 1916 und verband als einspurige Nebenbahn in Bad Salzschlirf die Vogelsbergbahn mit der Gründchenbahn in Niederjossa. Der Personenverkehr endete 1964, der letzte Güterzug fuhr 1989.*

Ehemalige Eisenbahnbrücke
Bad Salzschlirf

## Für die Seele

Vollkommen entspannt auf ebenen Wegen durch weite grüne Täler und entlang an plätschernden Bächen und Flüssen, inklusive Abstecher zu 1.200 Jahre Geschichte in Schlitz.

entlang, durch das die Schlitz von Bäumen begleitet mäandert. Wir passieren das ehemalige Bahnhofsgelänge von **Nieder-Stoll** und einen Spielplatz mit Tischtennisplatte und Boulebahn. Kurz vor dem Ende des Dorfs betreibt ein Bauernhof an Wochenenden den **Imbiss am Heinersch' Hof** ❸. Oberhalb des Nachbarorts **Bernshausen** treffen wir auf einen **Rastplatz** ❹, der mit einer großen Schutzhütte und sogar öffentlichen Toiletten ausgestattet auf der Fläche des ehemaligen Bahnhofsgeländes angelegt ist.

Bald darauf überquert der Radweg auf einer alten schön sanierten **Eisenbahnbrücke** ❺ die Schlitz. Nach knapp 3 Kilometern Fahrt durch die idyllische Land-

**Ehemalige Eisenbahnbrücke über der Schlitz**

Schloss Hallenberg in Schlitz

schaft, nahe der Schlitz, verlässt der Weg die Bahntrasse, führt dann parallel rechts vom Fluss weiter, bis er links abknickt und nach etwa 500 Metern auf eine kleine Landstraße trifft. Wir biegen links ab und fahren auf einer alten, einspurigen **Steinbogenbrücke** ⑥ über die Schlitz. Danach fahren wir rechts durch ein Tor in den **Schlosspark** von **Schloss Hallenburg** ⑦. Links im Park wartet ein kleiner **Biergarten** auf Gäste. Im Schloss selbst ist heute die Landesmusikakademie untergebracht. Ursprünglich diente es als Residenz der Grafen von Schlitz, die hier Anfang des 18. Jahrhunderts von einem französischen Baumeister ein Barockschloss erbauen ließen. Nach einem Brand wurde es schließlich um 1800 um eine Etage aufgestockt und erhielt sein klassizistisches Äußeres. Nach der Schenkung des Anwesens an die Stadt Schlitz verfiel das Schloss langsam und musste schließlich Anfang der 2000er Jahre entkernt und neu gebaut werden, um es für die Landesmusikakademie nutzen zu können.

An einer Weggabelung halten wir uns links und folgen dem asphaltierten Weg entlang einer Hecke leicht bergan direkt auf die Altstadt zu. Am **Parkaus-**

Die Stadtkirche von Schlitz

Burgmuseum Schlitz
in der Vorderburg

**gang** fahren wir auf der Straße weiter geradeaus bis zu einer Vorfahrtstraße, auf die wir rechts auf die **Günthergasse** abbiegen. An der nächsten Kreuzung, an der das italienische **Ristorante Pizzeria La Gondola** ⑧ und das **Eiscafé Rossano** ⑨ liegen, biegen wir links ab zu einem Abstecher hinauf zur **Altstadt.** Oben auf dem Bergkegel befinden sich gleich mehrere Burgen. Von hier aus hatten die Herren von Schlitz die Umgebung bestens im Blick. In der Vorderburg befinden sich heute das **Burgmuseum** ⑩ und das **Hotel & Café Vorderburg** ⑪. Südlich angrenzend steht die **Hinterburg mit dem Hinterturm** an der Bergkante. Während des Weihnachtsmarktes wird der Turm zur größten Kerze der Welt verkleidet. Gleich angrenzend treffen wir auf einen prächtigen Fachwerkbau, die **Schachtenburg,** die 1557 von Elisabeth von Schachten erbaut wurde. Heute dient sie als Hotel und Café. Inmitten des Ensembles steht die gotische **Stadtkirche,** direkt unterhalb befinden sich das **Rathaus** und der **Marktplatz.** Die fünfte Burg in Schlitz bildet die frühbarocke **Ottoburg** am östlichen Rand des Marktplatzes.

*Alle zwei Jahre herrscht in Schlitz am zweiten Wochenende im Juli Ausnahmezustand. Das vier Tage dauernde Schlitzerländer Trachtenfest mit Tanz, Party, Umzug und Feuerwerk zieht Tausende von Besuchern und Tanzgruppen aus Deutschland und der ganzen Welt an.*

Wir setzen die Fahrt unten an der Kreuzung, wo die **Bahnhofstraße** beginnt, fort. An einer Abzweigung mit Wegweisung Richtung Fulda biegen wir rechts ab, ob-

**Storch in den Fuldaauen**

**Rastplatz am Bahntrassenradweg bei Niederjossa**

wohl der Radwegweiser uns geradeaus schickt. Wir fahren sofort wieder schräg links in die **Jahnstraße,** an deren Ende wir uns rechts halten und hier wieder auf dem offiziellen Radweg sind. Hinter der **Brücke** über die Schlitz fahren wir links auf einen betonierten Feldweg mit einer Birkenallee. Nach 1,6 Kilometern Fahrt durch das flache Schlitztal überqueren wir den Fluss nach links und biegen sofort wieder rechts ab. Nach 200 Metern mündet rechts von uns die Schlitz in die Fulda.

Nach Überquerung der **L 3176** an der Abzweigung von der Lindenstraße fahren wir geradeaus auf der Bahntrasse weiter. Der erhöhte Bahndamm ist von mächtigen hohen Bäumen bewachsen und führt zwischen der L 3140 und der Fulda bis zum nächsten Dorf **Queck.** An ihm fahren wir ein Stück weiter, bis wir die Bahntrasse nach rechts verlassen müssen. Hier folgen wir dem Radwegweiser **R 7a** Richtung **Bad Hersfeld** und überqueren gleich die Fulda. Danach biegen wir links ab und folgen wieder der Radwegweisung. An der nächsten Kreuzung fahren wir links durch das Fuldatal weiter, auf dessen Weiden wir Rinder grasen und Störche stolzieren sehen. Wir kommen an einem Wehr mit einer ehemaligen Mühle vorbei und radeln durch das grüne Tal, durch das sich der Fluss geduldig schlängelt.

Im Dörfchen **Unter-Schwarz** treffen wir auf eine verkehrsarme vorfahrtberechtigte Straße, fahren links und überqueren mit ihr erneut die Fulda. Nach 200 Metern biegen wir entsprechend der Beschilderung rechts auf den Radweg ab, der nun wieder auf der Bahntrasse verläuft. Bis **Unter-Wegfurth** begleitet die Fulda den Weg, der die Trasse wieder verlassen muss und geradeaus weiter in einen asphaltierten Feldweg übergeht. Die doppelte Baumreihe links von uns lässt die Bahntrasse noch erahnen, die inzwischen von der Natur erobert wurde. In der Ferne sehen wir die das Fuldatal überspannende **Autobahnbrücke** der A 7. Schließlich mündet unser Radweg noch einmal auf die Bahntrasse auf einen schmalen geschotterten Pfad. Wir überqueren die **Jossa,** die hier in die Fulda mündet. Schon 200 Meter weiter erreichen wir das **Ende des Bahntrassenradwegs** an einem **Rastplatz ⑫** mit einigen Infotafeln, wo unsere Tour endet. Nur 100 Meter weiter mündete die Bahnlinie in den Schienenstrang der Gründchenbahn in Niederjossa, deren Gleise heute noch für Güterverkehr genutzt werden.

*Ab dem Ende unserer Tour in Niederjossa bietet es sich an, den Fulda-Radweg bis Bad Hersfeld weiterzufahren, von wo aus auch die Tour 4 in das Solztal startet. Von dort erreicht man auch über den Rotkäppchenradweg unsere Tour 15 zwischen Oberaula und Treysa.*

**Fuldaauen zwischen Schlitz und Niederjossa**

Breitenbach am Herzberg
62
Oberjossa
Niederjossa
12
Solms
L 3471
L 3140
Fulda
7
Unter-Wegfurth
Hatterode
L 3160
Wallersdorf
L 3161
Grebenau
K 24
Ober-Wegfurth
Unter-Schwarz
K 256
K 143
Rimbach
Langen-schwarz
Queck
L 3169
Sandlofs
Hutzdorf
L 3176
L 3140
8
10
11
Schlitz
9
7
6
Fraurombach
Fulda
L 3141
Schlitz
L 3143
4
5
3
Bernshausen
Pfordt
K 80
Nieder-Stoll
Ützhausen
Üllershausen
Hartershausen
H
1
DB
2
Bad Salzschlirf
P
Hemmen

# Alles auf einen Blick

Entspannung ★★★★★
Genuss ★★★☆☆
Romantik ★★★★★

**WIE & WANN:**
**Größtenteils asphaltierter Radweg, kaum befahrende Straßen und asphaltierte Feldwege, keine nennenswerten Steigungen. Ganzjährig gut befahrbar, schönste Radelzeit von Frühling bis Herbst.**

**HIN & WEG:**
**Auto:** Parkplatz am Kurpark, Riedstraße, 36364 Bad Salzschlirf (GPS: 50.62096, 9.50309)
**ÖPNV:** Bf. Bad Salzschlirf (RB)

**ESSEN & ENTSPANNEN:**
**Pizzeria Roma ❶** Lindenstraße 1, 36364 Bad Salzschlirf, Tel. (0 66 48) 12 29, www.roma-bs.de
**Imbiss am Heinersch' Hof ❸** Im Bachgrund 2, 36110 Nieder-Stoll, Tel. (0 151) 44 51 63 36, www.heinersch-hof.de
**Ristorante Pizzeria La Gondola ❽** Bahnhofstraße 5–7, 36110 Schlitz, Tel. (0 66 42) 68 51, www.la-gondola-schlitz.de
**Eiscafé Rossano ❾** Günthergasse 24, 36110 Schlitz, Tel. (0 66 42) 9 11 83 32, www.eiscafe-rossano.de
**Hotel & Café Vorderburg ⓫** An der Vorderburg 1, 36110 Schlitz, Tel. (0 66 42) 4 06 74 20, hotel-vorderburg.de

**ENTDECKEN & ERLEBEN:**
**Kurpark ❷**
**Rastplatz Bernshausen ❹**
**Eisenbahnbrücke ❺**
**Steinbogenbrücke Schlitz ❻**
**Schloss Hallenburg ❼**
**Burgmuseum Schlitz ❿** An der Vorderburg 1, 36110 Schlitz, Tel. (0 66 42) 4 04 20
**Rastplatz ⓬**

* 27 Kilometer
* 165 Höhenmeter
* 3 Stunden
* Streckentour

Blick auf Hilders im Ulstertal

# Grenzland

## Durch das Ulstertal

Am Ende der **Bahnhofstraße** in Hilders, im Bereich des alten Bahnhofgeländes, befinden sich die Haltestelle für den RhönRadBus und Parkplätze für Pkw. Dort starten wir unsere Tour. Wir radeln Richtung Norden auf der Bahntrasse los. Links strahlt das perfekt restaurierte ehemalige Bahnhofsgebäude, das nun eine private Villa mit schönem Garten ist, den ein alter Eisenbahnwagon ziert. Der Radweg taucht kurz in einen schattigen Wald ein und führt weiter geradeaus bis zu einer die Trasse überspannenden Straßenbrücke. Hier macht der Weg auf der Bahntrasse eine Linkskurve, wo ursprünglich die Gleise der Milseburgbahn Richtung Fulda lagen. Die Trasse wird heute für den Milseburg-Radweg genutzt (Tour 13). Geradeaus führten ursprünglich die Gleise weiter durch das **Ulstertal,** deren Trasse hier leider nur noch rudimentär vorhanden und nicht ausgebaut ist.

*Wenn man mit öffentlichen Verkehrsmitteln anreisen will, empfiehlt sich der RhönRadBus, der ist an Wochenenden mit einem Fahrradanhänger unterwegs. Er verkehrt zwischen dem Bahnhof Gersfeld und Hilders viermal täglich und benötigt etwa 40 Minuten.*

Wir folgen dem Radweg deshalb noch 800 Meter, bis wir die Abzweigung nach scharf rechts nehmen können, die uns zum **Weiler Aura** bringt. An der Abzweigung stehen Infotafeln, die über diverse Radwege mit einer ganzen Sammlung verschiedener Radwegsymbole informieren, die sich den Weg teilen. Wir folgen heute stets dem Zeichen des Ulstertal-Radwegs.

Vorbei an einigen recht ursprünglichen, einfachen Bauernhäusern stoßen wir am Ortsende auf eine Vorfahrtstraße. Hier fahren wir geradeaus auf einem neu asphaltierten schmalen Landsträßchen ohne Mittelstreifen. Rechts unterhalb liegt das friedliche **Ulstertal,** durch das sich der namensgebende Fluss schlängelt.

Weniger als 5 Kilometer hinter der Ulster führt unsichtbar die Grenze zu Thüringen durch die Landschaft. Auch in nordwestlicher Richtung ist die Landesgrenze nicht weiter entfernt. Zu DDR-Zeiten war sie unüberwindlich, weshalb sich hier in der Region Fuchs und Hase gute Nacht sagten. Tann lag in einer Enklave, auf drei Seiten vom DDR-Grenzzaun umgeben. Zonenrandgebiet war damals ein Begriff für die grenznahe abgelegene Region westlich des Stacheldrahts, die von Arbeitslosigkeit und Abwanderung geprägt war. Vielleicht wirkt sie deshalb heute so angenehm ursprünglich und unverbaut. Es macht Spaß, auf der kleinen verkehrsarmen Landstraße mit ihren Kurven und alten Bäumen zu fahren. Wir erreichen das kleine Dorf **Unterrückersbach,** in der noch eine richtige Landmetzgerei existiert, die noch selbst schlachtet. In **Kirchners Bauernladen** ❶ kann man Wurst und Fleisch und weitere Produkte der Region kaufen, nur mit einer Imbisstheke kann man nicht rechnen.

Bei **Esbachsgraben** stoßen wir auf die etwas mehr befahrene L 3174, auf die wir rechts abbiegen und durch **Neustädtges** nach **Mollartshof** fahren, wo wir die Straße

Das Ulstertal zwischen Hilders und Tann

## Für die Seele

Kleine Dörfer, nette Fachwerkstädtchen, Wassermühlen, alte Kirchen und Schlösser säumen den Weg durch das malerische Ulstertal von Hessen nach Thüringen.

**Rinder im Ulstertal**

bei einer Rechtskurve geradeaus wieder verlassen können. Folgt man stattdessen dem Lauf der Straße noch 400 Meter, gelangt man zum **Landhaus Kehl ②,** dessen Biergarten an Wochenenden schon mittags öffnet.

Weiter geht es auf einem asphaltierten und von Bäumen und Sträuchern gesäumten Feldweg durch die ländliche Idylle. Grasende Rinder sind hier keine Seltenheit. Hin und wieder entdecken wir rechts von uns auf der Weide die Reste des alten Bahndamms. Im weiteren Verlauf führt der Weg leicht bergab und bringt uns endlich auf die lang ersehnte Bahntrasse, auf der wir nach weniger als 2 Kilometern **Tann** erreichen. Die Trasse, die ab hier als Naturschutzgebiet ausgewiesen ist, endet an einem Rastplatz mit einigen Infotafeln über Rad- und Wanderwege in der Region. Wir folgen dem Radweg, wobei wir die Ulster überqueren, an

Schlosshof

einem großen Wohnmobilstellplatz vorbeifahren und danach auf einer zweiten Brücke nochmals über die Ulster fahren. Vor uns ragt das **Schloss Tann** ③ auf, hinter dem sich der historische Ortskern mit dem Rhöner Museumsdorf anschließt. Um dorthin einen Abstecher zu machen, fahren wir links am Schloss vorbei bis zur nächsten Kreuzung und biegen dort bei der **Ulstermühle** rechts ab. An der nächsten Kreuzung fahren wir wieder rechts auf die Marktstraße, über die wir gleich den **Marktplatz** erreichen. Das Ende der Marktstraße wird vom **Stadttor** überspannt. Rechts im **Rhöner Naturmuseum** hat die Tourist-Information ihr Domizil. Hier bekommen wir auch die Eintrittskarten für das Freilichtmuseum **Rhöner Museumsdorf** ④, ein Dorf in der Stadt mit dem gemütlichen **Café Fabula** ⑤. Es bietet Süßes und Herzhaftes im Fachwerkhaus und auch im Biergarten an. Spezialität sind Rhöner Windbeutel mit Bauernhofeis. In direkter Nachbarschaft liegt das **Schloss,** eine Dreiflügelanlage mit dem Roten, dem

Blauen und dem Gelben Schloss, dem Stammhaus der Familie von der Tann. Es ist heute noch in deren Privatbesitz. Der Innenhof kann aber besichtigt werden.

Wir fahren zurück zum Radweg, der an der **Ulstermühle** vorbeiführt und halten uns an der Gabelung nach dem Supermarkt tegut links. Wir folgen weiter dem Verlauf des Wegs, bis wir auf ein Vorfahrtschild stoßen. Hier fahren wir links und folgen weiter dem Radweg durch das grüne Ulstertal, neben uns eine hohe Hecke, die offensichtlich die nahe Bahntrasse verbirgt. Auf ihr können wir gleich wieder weiterfahren, sobald wir die B 278 überquert haben. Der Radweg verläuft im folgenden Abschnitt im Wechsel immer wieder auf oder neben der Bahntrasse unweit der Bundesstraße. In **Günthers** umfahren wir nach links versetzt den alten Bahnhof. Ab hier sind es noch genau 1,5 Kilometer, bis wir die **Landesgrenze** ❻ nach Thüringen überqueren, den ehemaligen Todesstreifen, der sich seit der Wende in das Grüne Band verwandelt hat. Da wo der Radweg auf einen Abzweig von der Bundesstraße trifft, der nach 150 Metern wieder auf sie zu-

*Entlang des Ulstertal-Radwegs in Thüringen kann man an verschiedenen Stationen über QR-Codes mit dem Smartphone Podcasts abrufen mit interessanten und teils auch erschütternde Geschichten aus dem Grenzgebiet der ehemaligen DDR.*

**Rhöner Museumsdorf**

rückführt, genau da liegt die Grenze. 80 Meter weiter zweigt rechts am Ende des Grenzstreifens der ehemalige Kolonnenweg ab, auf dem die DDR-Grenzer patrouilliert sind.

Im weiteren Verlauf fahren wir wieder auf der Bahntrasse bis **Motzlar,** wo wir sie vor dem ehemaligen Bahnhofsgelände kurz verlassen müssen. Danach überqueren wir die B 278 und befinden uns ab dort wieder auf dem Bahndamm, über den wir unweit der Ulster, die links von uns fließt, nach **Schleidt** fahren. Kurz vor dem Ort endet die Bahntrasse wieder und wir fahren über die Mühlstraße direkt auf die katholische **Kirche Mariä Schnee** 7 zu, die einen Blick ins Innere Wert ist. An der Kirchenmauer ist eine kleine Tafel mit einem QR-Code angebracht, über den wir uns mit dem Smartphone die sehr interessante Geschichte der Kirche, die katholische Enklave und ihre Bedeutung in der DDR-Zeit anhören können.

*Johann Dientzenhofer hat für den Fürstabt von Fulda außer dem Schloss Geisa auch den Dom zu Fulda, das Fuldaer Stadtschloss und Schloss Bieberstein erbaut. Das berühmte Kloster Banz und Schloss Weißenfels bei Pommersfelden stammen ebenfalls von ihm.*

Unser Weg führt links an der Kirche vorbei durch den kleinen Ort mit einigen Fachwerkhäusern und

**Blick auf die Kirche Mariä Schnee**

Blick auf Geisa

danach geradeaus über Felder nach **Geisa.** Unmittelbar vor der Brücke über die Ulster biegen wir rechts ab und folgen der Radwegweisung. Links des Flusses erhebt sich auf dem Gangolfiberg malerisch die Altstadt von Geisa mit Schloss und Kirche. Wir wollen ihr einen Besuch abstatten und überqueren dazu auf einer modernen blauen Stahlbrücke die Ulster. Auf der gegenüberliegenden Seite liegt ein für Kinder toller **Wasserspielplatz** und für die Älteren ein **Wassertretbecken,** in dem man seinen Füßen eine Abkühlung gönnen kann. Von hier aus führt ein Weg hinauf zur Altstadt, die wir am besten zu Fuß erkunden.

Die Altstadt mit dem langgestreckten **Marktplatz** im Zentrum verfügt noch über viel historische Bausubstanz. Die gotische **Kirche St. Philippus und Jakobus** 8 am unteren Ende des Marktplatzes zeigt im Inneren ein schönes Altarbild und einige Wandmalereien. Vorbei an der **Pizzeria Zur Krone** 9 gelangt man über das obere Ende des Marktplatzes zum **Schlossplatz** 10. Fuldas Fürstabt Adalbert von Schleifras ließ hier vom Baumeister Johann Dientzenhofer eine barocke Sommerresidenz errichten. Das 1450 erbaute Gebäude nebenan wurde zunächst als Kellerei und Kornspeicher genutzt, bevor es Anfang des 18. Jahrhunderts bis 1949

!

*Von Geisa kann man einen Abstecher zur etwa 2 Kilometer entfernten Gedenkstätte Point Alpha machen, ein Freiland-Grenzmuseum mit einem Begegnungszentrum und zwei Dauerausstellungen mit Audioguides am ehemaligen US-Beobachtungsstützpunkt.*

Fachwerkhäuser in Buttlar

als Amtsgericht diente. Heute ist es Gästehaus der Point Alpha Stiftung.

Wir setzen die Fahrt auf dem Radweg entlang der Ulster fort, bis wir beim Kulturhaus auf die **Bahnhofstraße** stoßen. Links hinter der Brücke liegt die **Gaststätte zur Linde** ⑪ mit nettem Biergarten und einer E-Bike-Ladestation. Wir biegen hier rechts ab und an der nächsten Kreuzung wieder links in Am Steinigt. Wir folgen der Wegweisung, bis wir auf die **B 278** stoßen. Hier biegen wir auf den diesseitigen Radweg nach links ab. Ab dem Ortsende wird der Radweg zur Allee neben der Bundesstraße, womit wir wieder auf der alten Bahntrasse unterwegs sind. Bei **Borsch** müssen wir sie zur Umfahrung des Bahnhofgeländes kurz verlassen, folgen ihr danach aber weiter rechts der Bundesstraße bis kurz vor Buttlar. Dort endet die Bahntrasse an der neu ausgebauten Abzweigung B 278 und B 84, der sie zum Opfer fiel.

Man kann dem Radweg noch bis zur Ulster fahren, wo auch dieser endet und man über die B 84 in die Ortsmitte fahren kann. Dort gibt es allerdings weder Einkehrmöglichkeiten noch Sehenswürdigkeiten, außer dem kleinen privat genutzten **Schloss Buttlar** ⑫. Es entstand als Wasserburg und hat eine wechselvolle Geschichte hinter sich, bis es nach der Wende aufwendig saniert wurde und in Privatbesitz überging. Heute dient es als Gästehaus mit Zimmern und Ferienwohnungen. Der Ulstertal-Radweg führt durch den Ort weiter und danach durch ein unberührtes und einsames Tal am Fluss entlang bis nach **Philippsthal,** was in der Tour 14 ausführlich beschrieben ist.

# Ulstertalbahn Vacha–Hilders

Die Ulstertalbahn war eine Nebenbahn, die in Vacha von der Werratalbahn abzweigte und über Philippsthal durch das Ulstertal nach Hilders führte. Der Abschnitt Hilders–Tann wurde 1891 eröffnet, der zwischen Vacha und Geisa 1906, der Lückenschluss dazwischen erfolgte 1909. Die Strecke nach Süden wurde 1916 von Hilders bis nach Wüstensachsen verlängert. Als Folge der deutschen Teilung kam es zu Problemen aufgrund des Verlaufs der Trasse, sodass der Betrieb in dem Bereich 1952 eingestellt wurde. Auf der verbliebenen Strecke in Hessen wurde der Verkehr nach und nach eingeschränkt und 1977 eingestellt. Im Jahr 2000 wurde durch Kali und Salz zwischen Heimboldshausen und Unterbreizbach eine Anschlussbahn für den Güterverkehr, teilweise auf der alten Trasse der Ulstertalbahn, eröffnet.

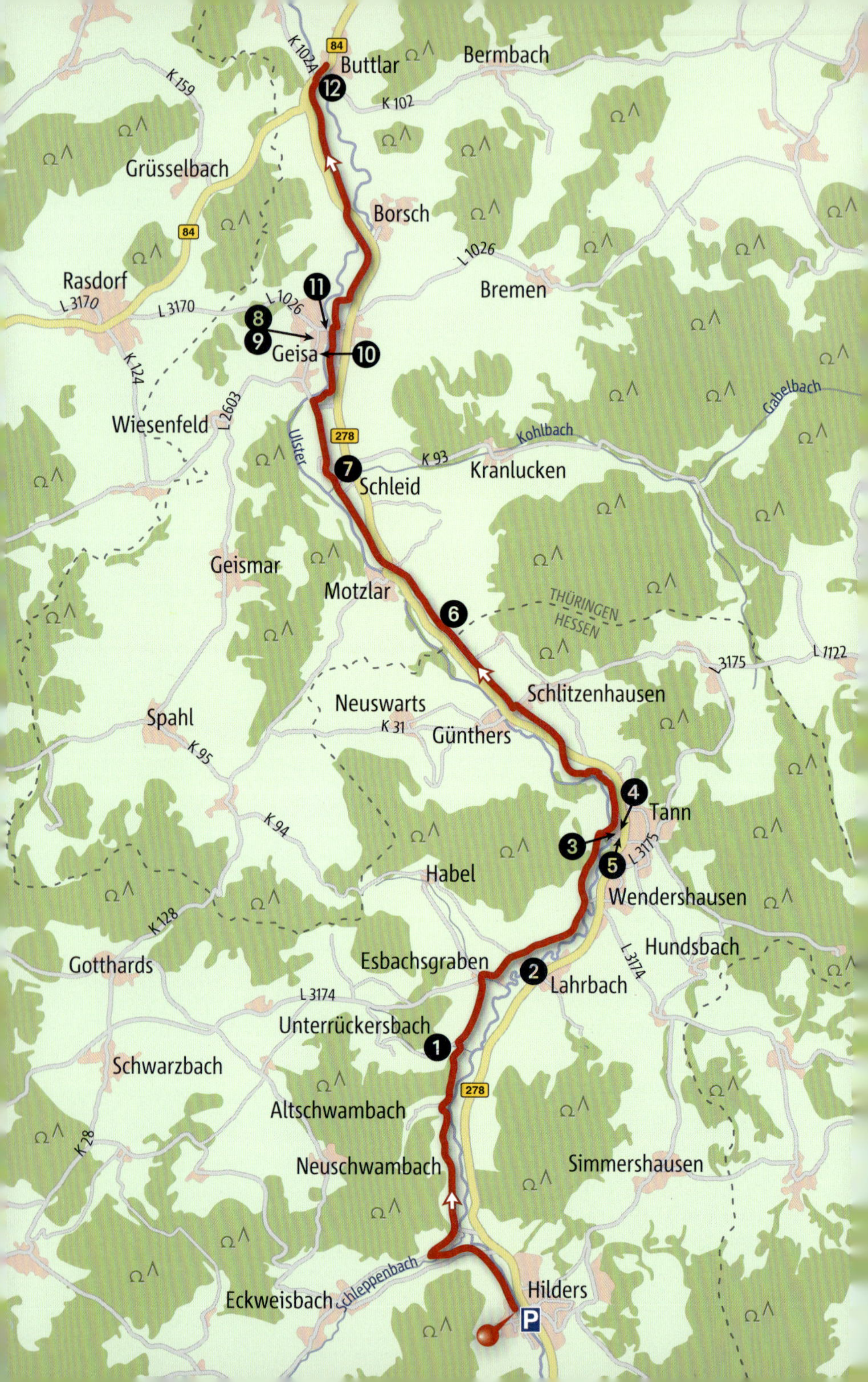
Buttlar
Bermbach
Grüsselbach
Borsch
Rasdorf
Bremen
Geisa
Wiesenfeld
Ulster
Kohlbach
Gabelbach
Schleid
Kranlucken
Geismar
Motzlar
THÜRINGEN
HESSEN
Neuswarts
Schlitzenhausen
Günthers
Spahl
Tann
Habel
Wendershausen
Hundsbach
Esbachsgraben
Lahrbach
Gotthards
Unterrückersbach
Schwarzbach
Altschwambach
Neuschwambach
Simmershausen
Schleppenbach
Eckweisbach
Hilders
84
278
K 102A
K 102
K 159
L 1026
L 3170
K 124
L 2603
K 93
K 31
K 95
K 94
K 128
K 28
L 3174
L 3175
L 1122
1
2
3
4
5
6
7
8
9
10
11
12
P

## Alles auf einen Blick

Entspannung ✱✱✱✱✱
Genuss ✱✱✱✱✱
Romantik ✱✱✱✱✱

**WIE & WANN:**
**Vorwiegend Radwege und kaum befahrene Straßen. Keine nennenswerten Steigungen oder Gefälle. Beste Radelzeit von Frühling bis Herbst.**

**HIN & WEG:**
**Auto:** Parkplatz Bahnhofstraße/Am Alten Bahnhof, 36115 Hilders (GPS: 50.57056, 9.99817)
**ÖPNV:** An Wochenenden (Mai bis 3. Oktober) von Bf. Fulda oder Bf. Gersfeld (RB) Anschluss an RhönRadBus, Linie 90 der LNG (www.lng-fulda.de), nach Hilders

**ESSEN & ENTSPANNEN:**
**Kirchners Bauernladen** ❶ Unterrückersbach 2, 36142 Tann (Rhön), Tel. (0 66 82) 86 29, rhoen-metzger.de
**Landhaus Kehl** ❷ Eisenacher Straße 15, 36142 Lahrbach, Tel. (0 66 82) 3 87, www.landhaus-kehl.de
**Café Fabula** ❺ Schloßstraße 3, 36142 Tann (Rhön), Tel. (0 66 82) 91 71 42, www.sagen-keller.de
**Pizzeria Zur Krone** ❾ Marktplatz 6, 36419 Geisa, Tel. (03 69 67) 5 02 83
**Gaststätte zur Linde** ⓫ Bahnhofstraße 6, 36419 Geisa, Tel. (03 69 67) 7 52 06, www.zur-linde-geisa.de

**ENTDECKEN & ERLEBEN:**
**Schloss Tann** ❸
**Rhöner Museumsdorf** ❹ Schloßstraße 3, 36142 Tann (Rhön), Tel. (0 66 82) 89 77, www.tann-rhoen.de
**Landesgrenze** ❻
**Kirche Mariä Schnee** ❼
**Kirche St. Philippus und Jakobus** ❽
**Schlossplatz** ❿
**Schloss Buttlar** ⓬

**Rathaus Bad Hersfeld mit Lullusbrunnen und Stadtkirche**

* 15 Kilometer
* 120 Höhenmeter
* 2 Stunden
* Streckentour

# Romantik pur

## Von Bad Hersfeld in das Solztal

Wir starten unsere Fahrradtour ins Solztal von der östlichen Seite des **Bahnhofs Bad Hersfeld,** wo sich ein Ausgang von der Unterführung mit Aufzug und der **P&R-Parkplatz** befinden. Etwa hier muss das separate Bahnhofsgebäude der Solztalbahn gestanden haben. Ausgeschildert als **R 7** Richtung Philippsthal und Sorga radeln wir auf dem Weg entlang der Bahngleise Richtung Norden. Nach knapp 2 Kilometern treffen wir auf einen kleinen geschotterten **Parkplatz,** wo die Schienen der ehemaligen Bahnlinie von der Hauptstrecke abzweigten. Den Parkplatz kann man als Alternative zu dem am Bahnhof nutzen, indem man der Beschilderung zur Kläranlage oder zum Tierheim folgt. Hier beginnt der Rad- und Fußweg auf der alten Bahntrasse. Am Tierheim vorbei überqueren wir über einem Eisenbahnviadukt die **Fulda,** in welche die Solz links von uns mündet – nur wenige Meter entfernt versteckt im Grünen. Nach rechts zweigt ein Waldweg ab, über den man auf der Rückfahrt die Stadtmitte von Bad Hersfeld erreichen kann. Auch unser Radweg taucht hier in dichtes Grün mit hohen Bäumen ein. Trotzdem haben wir immer wieder schöne Ausblicke auf das stille unbebaute Tal links von uns. Hinter der Solz, die dem Tal ihren Namen gibt, sehen wir bewaldete Hügel am Rande der Soisberger Kuppenrhön. Der Radweg ist bis zum Ziel nach Schenklengsfeld vorwiegend schattig, führt durch Wald und ist teils tunnelartig malerisch von Bäumen und Sträuchern überwachsen.

Rechts des Wegs tauchen die Fachwerkgebäude des historischen **Guts Oberrode** ❶ auf. Seine erste Erwähnung ist auf das Jahr 1351 datiert. Als Rittergut gegründet erlebte es häufige Besitzerwechel und Umnutzungen. Ende des 19. Jahrhunderts begann man in zwei Öfen Kalk zu brennen, der hier teilweise auf die Bahn verladen wurde. Heute wird auf dem Gut Biolandwirtschaft betrieben. Eine alte Glocke über dem Tor verkündet regelmäßig die Uhrzeit. Uns bietet der

Bethaus Malkome

## Für die Seele

**Auf einer romantischen Trasse durch ein idyllisches Tal, vorbei an der kleinsten Kirche Hessens, einem Weinberg, einem 400 Jahre alten Friedhof und dem ältesten Baum Deutschlands.**

Gutshof in seinem idyllischen Biergarten **Zur Weißen Dame** ❷ unterhalb des Herrenhauses eine willkommene Einkehrmöglichkeit mit Bratwurst vom Grill und kühlen Getränken.

Wir fahren weiter durch das romantische Tal und das langgestreckte Örtchen **Sorga,** vorbei an Bauernhöfen und Gärten hinter Wohnhäusern. Nach dem Dorf kreuzt über uns die **Autobahn A 4** den Weg, der danach im nun deutlich enger werdenden Solztal weiterführt. Rechts von uns nehmen wir die Geräuschkulisse der **B 62** wahr, die Bad Hersfeld mit Philippsthal verbindet. Wir treffen auf eine Abzweigung, an der der **R 7** unsere Bahntrasse verlässt und wie die Bundesstraße nach Philippsthal führt. Kurz danach führt auch die B 62 auf einer Betonbrücke über uns nach links hinweg und lässt uns wieder durch ruhige Gefilde weiterfahren. Kurz darauf erreichen wir das kleine Örtchen **Malkome** an seinem ehemaligen Bahnhof. Gleich danach tangieren wir die **L 3171** und kommen an eine Abzweigung, an der wir einen Abstecher über die Straße in die Ortsmitte machen sollten, um das **Bethaus Malkome** ❸, die kleinste Kirche Hessens, zu sehen. Dazu überqueren wir die Straße an einer Fußgängerampel und treffen 200 Meter weiter in der **Brunnenstraße** auf das winzige Fachwerkgebäude.

Zurück auf dem Radweg führt dieser weiter durch Natur pur. In dem kleinen Weiler **Schenksolz** mit seiner winzigen ehemaligen Bahnhaltestelle unter alten Linden fallen uns die schönen alten Fachwerkhöfe auf. Kurz vor Schenklengsfeld verlässt unser Weg die

Bahntrasse, führt aber direkt daneben weiter, unterquert die Brücke der **L 3171** und nähert sich **Schenklengsfeld** mit der trutzigen Kirche, die wir vor uns erkennen. Unser Weg stößt auf ein kleines Sträßchen, das links hinunter in den Ort führt. Wir fahren aber noch ein kurzes Stück geradeaus weiter dem Radwegweiser folgend auf der hier geschotterten Bahntrasse. Diese endet kurz danach endgültig, so dass wir dem Wegverlauf folgend kurz darauf bergab auf einer asphaltierten Straße unten auf die **Hersfelder Straße** stoßen. Hier biegen wir rechts ab und nehmen die nächste Straße wieder links, wo uns der Wegweiser Richtung Gasthaus zur Linde den Weg weist. Der gabelt sich und wir nehmen den linken für Autos gesperrten, der kurz steil bergauf oberhalb des kleinen **Lenschelder Weinbergs** ④ führt.

In Schenklengsfeld lebten, worauf auch der Name hinweist, die Mundschenke des Hersfelder Klosters, die in und um Bad Hersfeld Wein anbauen ließen. Die

Historischer Friedhof

**Die Dorflinde – der älteste Baum Deutschlands**

Abtei wurde schon im 16. Jahrhundert aufgegeben, der letzte dokumentierte Winzer folgte erst 1859. Die Schenklengsfelder besannen sich irgendwann der alten Tradition, die schon allein durch den Straßennamen stets wachgehalten war. 2012 wurden hier mit Hilfe des Eltviller Weinbauamtes wieder Reben der Sorte Regent gepflanzt, die wir heute sehen.

Ein kulturhistorisches Highlight schließt unmittelbar an: der **Historische Friedhof** ❺ mit seinen 275 Grabdenkmälern aus dem 17. bis 19. Jahrhundert, die hier zwischen alten Bäumen im hohen Gras zu bewundern sind. Dank des außergewöhnlich harten Sandsteins sind sie bis ins Detail sehr gut erhalten. Am Eingang zum Friedhof steht das **Predigerhäuschen** aus dem 17. Jahrhundert, aus dem der Geistliche seine Totenansprache gehalten hatte.

Fahren wir nun links am Weinberg hinunter, erreichen wir nach 100 Metern auf dem Marktplatz ein naturhistorisches Highlight, gar ein Superlativ. Hier wird der Dorfplatz von einer riesigen alten **Linde** ❻ geschmückt, die als ältester Baum Deutschlands gilt.

*Die Altersangaben der Linde variieren, sie ist vermutlich über 1.000 Jahre alt ist, einer alten Inschrift zufolge wurde sie 760 gepflanzt. Ihr Stamm besteht aus vier Teilen mit jeweils einem Umfang von 3 und insgesamt 18 Metern. Der Gesamtumfang misst 120 Meter.*

Auf dem Linggplatz

Mit ihren ausladenden Ästen, die von einem Holzgerüst gestützt werden, nimmt sie einen nicht unwesentlichen Teil des Platzes ein. Der Baum diente im Mittelalter und zeitweise auch noch bis ins 19. Jahrhundert als Gerichtslinde. Der **Gasthof Zur Linde 7** am selben Platz ist bei den Einheimischen ein beliebtes Ausflugslokal.

Da es hier keine öffentlichen Verkehrsmittel für die Rückfahrt nach Bad Hersfeld gibt, und die nur 15 Kilometer lange Strecke vorwiegend leicht bergab führt, sind wir mit dem Rad nach etwa 45 Minuten zurück am Ausgangsort, wo wir unbedingt noch einen Abstecher in die nahe Altstadt Bad Hersfelds mit seiner berühmten Stiftsruine machen sollten.

Im Zentrum der Altstadt, wo sich zwei Einkaufsstraßen treffen, steht das imposante **Rathaus 8** im Stil der Weserrenaissance. Direkt daneben lohnt die **Stadtkirche 9** mit ihrem markanten Turm einen Besuch. Die dreischiffige gotische Hallenkirche erhielt ihre heutige Form im 15. Jahrhundert. Den **Kirchplatz** schmücken schöne alte Fachwerkhäuser. In unmittelbarer Nähe bieten das **Alte Brauhaus ⑩** und die **Pizzeria am Lullusbrunnen ⑪** mit hervorragender Pizza gute Einkehrmöglichkeiten.

Noch mehr Möglichkeiten diesbezüglich bietet der ein paar Meter weiter westlich gelegene **Linggplatz ⑫**, auf dem die verschiedensten Lokale Tische und Stühle für ihre Gäste bereithalten. Der Platz verströmt bei schönem Wetter südländische Urlaubsatmosphäre. Bei der Pizzeria Michelangelo steht die **Skulpturengruppe Die Mückenstürmer,** die eine witzige Geschichte aus dem Jahr 1674 illustriert, als die Einwohner von Hersfeld eine Wolke um den Kirchturm erblickten und ein Feuer als Ursache vermuteten. Sie stürmten auf den Turm mit Leitern und Wassereimern, um dann feststellen zu müssen, dass es sich um eine Wolke aus Mücken handelte. Unweit von hier wartet das **Hotel zum Stern ⑬**

*Bereits im frühen Mittelalter ließ der Mainzer Bischof Lullus aus einer Einsiedelei ein Benediktinerkloster errichten. 1038 wurde mit dem Bau der romanischen Klosterkirche begonnen, die bis zur Zerstörung 1761 im Siebenjährigen Krieg unverändert blieb.*

**Skulptur Die Mückenstürmer auf dem Linggplatz**

gleich mit zwei Restaurants: **Sterns Restaurant** mit holzvertäfelten Wänden und Kaminofen und dem **Gourmet Restaurant L'Etable,** das von Gault Millau und Michelin ausgezeichnet wurde.

Nochmal ein paar Meter weiter am Rande der Altstadt ragen die **Ruinen der Stiftskirche** ⑭ in den Himmel, die im Sommer als Kulisse der berühmten Bad Hersfelder Festspiele dienen. Die Klosterkirche ist heute die größte romanische Kirchenruine überhaupt. Davor hat man zwei berühmten Herren mit dem Vornamen Konrad, die beide in der Stadt gewirkt haben, ein **Denkmal** gesetzt. **Konrad Zuse,** der Erfinder des Computers, und **Konrad Duden,** der die deutsche Sprache vereinheitlicht hat.

Unweit hinter dem Klostergelände befindet sich der **Kurpark Bad Hersfeld** ⑮ mit Kurhaus und Kurbad-Therme, wo man seinen Besuch ausklingen lassen kann.

**Die Stiftsruine**

## Hersfelder Kreisbahn

**Die Hersfelder Kreisbahn war eine 26 Kilometer lange Bahnlinie, die von einem eigenen Bahnhof gegenüber dem Bad Hersfelder Bahnhof durch das Solztal über Schenklengsfeld nach Heimboldshausen im Werratal bei Philippsthal führte. Dort hatte sie Anschluss an die Werratalbahn. Ende 1993 wurden der Personen- und Güterverkehr eingestellt und 1999 wurden die Gleise zwischen Bad Hersfeld und Schenklengsfeld abgebaut und der Solztal-Radweg gebaut, der 2003 eröffnet wurde. Auf der restlichen Strecke liegen heute noch die Schienen, für die es zwar die unterschiedlichsten Pläne gibt, von denen aber bisher keiner umgesetzt wurde.**

Bad Hersfeld
Friedewald
Oberrode
Kathus
Sorga
Petersberg
Hohe Luft
Johannesberg
Unterhaun
Oberhaun
Rotensee
Wippershain
Malkomes
Dinkelrode
Schenksolz
Motzfeld
Hilmes
Wüstfeld
Oberlengsfeld
Schenklengsfeld
Konrode
Solz
Breitzbach
Hüttebach
Fischbach
Fulda
Geis
DB
P
L 3159
L 3255
L 3171
L 3341
L 3172
K 2
K 13
K 17
K 20
K 22
K 76
324
27
62
4
1
2
3
4
5
6
7
8
9
10
11
12
13
14
15

# Alles auf einen Blick

Entspannung ★★★☆☆

Genuss ★★☆☆☆

Romantik ★★★★☆

**WIE & WANN:**
**Breiter gut asphaltierter Weg auf der fast durchgehenden Bahntrasse bis Schenklengsfeld. Konstanter leichter Anstieg auf Dreiviertel der Strecke. Viel Schatten durch Wald. Rückfahrt auf demselben Weg mit leichtem Gefälle empfohlen, ca. ¾ Stunde Fahrzeit. Ganzjährig gut befahrbar, beste Radelzeit von Frühling bis Herbst.**

**HIN & WEG:**
**Auto:** P&R Parkplatz P 2 (östlich der Bahnlinie), Heinrich-Börner-Straße 6, 36251 Bad Hersfeld (GPS: 50.86891, 9.71649)
**ÖPNV:** Bf. Bad Hersfeld (RB, ICE), Bahnhof durch Unterführung Richtung Osten verlassen, kein Fahrradbus

**ESSEN & ENTSPANNEN:**
**Biergarten Zur Weißen Dame** ❷ Oberrode 3, 36251 Bad Hersfeld
**Gasthof Zur Linde** ❼ An der Linde 11, 36277 Schenklengsfeld, Tel. (0 66 29) 3 59, www.gasthof-zurlinde.de
**Altes Brauhaus** ❿ Kirchplatz 9, 36251 Bad Hersfeld, Tel. (0 66 21) 64 04 70, www.brauhaus-hersfeld.de
**Pizzeria am Lullusbrunnen** ⓫ Am Treppchen 4, 36251 Bad Hersfeld, Tel. (0 66 21) 91 78 99
**Hotel zum Stern** ⓭ Linggplatz 11, 36251 Bad Hersfeld, Tel. (0 66 21) 18 90, www.zumsternhersfeld.de

**ENTDECKEN & ERLEBEN:**
**Gut Oberrode ❶; Bethaus Malkome ❸**
**Lenschelder Weinberg ❹**
**Historischer Friedhof ❺; Linde ❻; Rathaus ❽**
**Stadtkirche ❾; Linggplatz ⓬; Ruine der Stiftskirche ⓮**
**Kurpark Bad Hersfeld ⓯**

* 27 Kilometer
* 60 Höhenmeter
* 3 Stunden
* Streckentour

Blick von Trendelburg auf das Diemeltal

# Kurfürstlich

## Entlang der Diemel zur Weser

Bevor wir die Radtour starten, sollten wir uns die Altstadt von **Hofgeismar** anschauen. Der Wegweisung **R 4** folgend, gelangen wir ganz einfach zum Marktplatz. Zunächst kommen wir in der Apothekenstraße am **Steinernen Haus ❶** vorbei mit Apothekenmuseum und Kräutergarten. Den **Marktplatz** ziert ein kaiserzeitliches Kriegerdenkmal vor dem neugotischen Rathaus. Geht man in der Fußgängerzone die Marktstraße hinunter, vorbei an der Tourist-Information, kommt man zum Hotel Restaurant **Zum Alten Brauhaus ❷**. Im westlichen Teil der Altstadt befinden sich die **Altstädter Kirche und das evangelische Dekanat ❸**. Die im 12. Jahrhundert als Stiftskirche begonnene Hallenkirche ist eine der bedeutendsten in Hessen. Ihr romanischer Kirchturm ragt zwischen den Dächern heraus. Besonders sehenswert ist der Hofgeismarer Altar aus dem Jahr 1310. Südlich davon steht das heutige evangelische Dekanat, das 1329 als gotische Kapelle erbaut wurde und im 16. Jahrhundert ein Fachwerkobergeschoss für Wohnungen erhielt.

*Wer die Tour um gut 8 Kilometer abkürzen und nur auf der Bahntrasse der Carlsbahn radeln möchte, kann alternativ vom Bahnhof Hofgeismar-Hümme (RB), an dem man auch parken kann, starten.*

Wir fahren über den **R 4** durch die Altstadt zurück, am ZOB vorbei die Straße **Am Anger** in östlicher Richtung hinunter. Am Ende der Straße biegen wir rechts ab und folgen dabei bis Hümme weiter dem R 4, weichen dann aber im Abschnitt bis Bad Karlshafen gelegentlich etwas davon ab. An der nächsten Kreuzung, an der sich rechts das **Restaurant Feinwerk** mit deutscher und mediterraner Küche befindet, biegen wir links ab in die Bahnhofstraße, die kurz danach auf einer Brücke die Bahnlinie überquert. Hier oben befin-

det sich der Zugang zum Bahnsteig des **Bahnhofs Hofgeismar.** Noch vor dem Ende der Brücke folgen wir dem Radweg schräg rechts hinunter und stets geradeaus parallel zur **Bahnhofstraße**, die in die **Brunnenstraße** übergeht. Am Ende des Radwegs werden wir in die schräg links abzweigende Straße geleitet, die uns zum rundtempelförmigen **Gesundbrunnen** ❹ bringt. Hier begann 1639 Hofgeismars Geschichte als landgräfliches Bad, das im 18. Jahrhundert als Hessisches Staatsbad seinen Höhepunkt erlebte. Die Gebäude um den Brunnen werden heute von der evangelischen Akademie genutzt. Ein englischer Park hinter den Kurgebäuden mit schönen uralten Bäumen, die ihn zum Flächennaturdenkmal machen, umgibt das klassizistische **Schlösschen Schönberg** ❺.

*Im Dreißigjährigen Krieg entdeckte ein verwundeter Soldaten eine Heilquelle, wo 1701 Karl von Hessen-Kassel das Staatsbad Gesundbrunnen gründete. 1745 bis 1747 entstanden das Wilhelmsbad und der Marstall, 1770 das gegenüberliegende Friedrichsbad.*

Weiter auf dem Sträßchen, das am Parkende an einer T-Kreuzung endet, fahren wir links und dann schnurgerade in Richtung Hümme und Bad Karlshafen. Nach 1,5 Kilometern am Ende der asphaltierten

## Für die Seele

Historische Städtchen, Burgen und Mühlen begleiten uns entlang munterer Flüsschen, die sich durch stille Landschaften und Täler winden, zum barocken Bad Karlshafen.

Strecke halten wir uns links. Vor einer Brücke über die **Esse** biegen wir nach rechts auf einen neu asphaltierten Weg, der zusammen mit dem Flüsschen malerisch durch den Wald führt. Auf der anderen Seite der Esse verläuft die Bahnlinie Kassel–Warburg, von der in Hümme die Carlsbahn nach Bad Karlshafen abzweigte.

Plötzlich weitet sich das Tal und wir sehen riesige Getreidefelder vor uns. Hinter einem großen Bauernhof mit Biogasanlage biegen wir links ab. Am Rande von **Hümme** treffen wir auf eine Vorfahrtstraße, der wir nach links folgen. Auf der **Brückenstraße** überqueren wir die Esse. An der nächsten Abzweigung, an der der R 4 rechts abbiegt, fahren wir geradeaus. Wir sehen einige Diemelsächsische Bauernhäuser, große Höfe mit prächtigen Toren. Ein besonders schönes Beispiel ist der

**Schlösschen Schönberg mit Park**

Gesundbrunnen

**Kastanienhof** ⑥ an der nächsten Kreuzung Ecke Hauptstraße.

Wir fahren gegenüber in den **Tiefenweg** und erreichen den **Bahnhof Hümme.** Wir radeln an ihm vorbei über die **Sielener Straße.** Am Ortsende, bei einer Zimmerei, stoßen wir auf die Bahntrasse der Carlsbahn, die hier von der Hauptlinie abzweigte. Wir folgen dem Wegweiser **R 6** und fahren auf den fein geschotterten Bahndamm, der von prächtigen alten knorrigen Eichen gesäumt wird. Unmittelbar nach einer Brücke über die Esse stoßen wir auf eine T-Kreuzung, an der die Bahntrasse im gegenüberliegenden **Naturschutzgebiet Hümmer Bruch** in grünem Dickicht verschwindet und nicht ausgebaut ist. Hinter Trendelburg werden wir aber wieder auf der Bahntrasse weiterfahren können.

Wir biegen links ab und fahren auf dem **R 4** weiter. Der lange gerade Weg endet am Rande von **Stammen**, wo wir rechts abbiegen und uns beim **Schloss Stammen** ⑦ links halten. Kurz danach befindet sich links ausgeschildert die Zufahrt zum **Hofgut Stammen** ⑧ mit Kanuverleih und kleinem Biergarten. Hier biegen wir rechts in die **Schloßstraße** und danach links in die **Gartenstraße** ab, über die wir Stammen verlassen und der Radwegweisung folgen. Bald schon sehen wir den Ort Trendelburg auf einem Bergrücken noch in der Ferne vor uns liegen. Bei einer Birkenallee biegen wir links Richtung **Trendelburg** ab und folgen wieder dem **R 4.** Auf einer Brücke überqueren wir die gestaute **Diemel** und biegen dahinter rechts ab. Nach 900 Metern sehen wir rechts ein Wehr, an dem ein Teil des Wassers in den Landgraf-Carl-Kanal geleitet wird, und erreichen nach weiteren 200 Metern direkt unterhalb der Burg eine Häusergruppe mit der 400 Jahre alten landgräflichen **Mühle Conradi** ⑨. Dahinter verläuft der Kanal weiter, in dem man noch eine Schleusenkammer erkennt.

!

*Alternativ zum Radeln bietet es sich an, das Diemeltal aus der Perspektive eines Kanus oder Kajaks zu erleben. Die Diemel ist einer der schönsten Paddelgewässer in Hessen und nicht so überlaufen wie die Lahn. In Trendelburg und Stammen gibt es Verleiher.*

Wir folgen der Straße **Zur Alten Mühle** bis an die nächste Abzweigung, wo man mit einem U-Turn nach links hinauf in die **Altstadt** fahren kann. Vor allem die **Burg Trendelburg ⑩** ist unbedingt einen Abstecher wert. Am höchsten Punkt, mit zauberhaft antik eingerichtetem Hotel und Restaurant, mit knarrenden Dielen und holzgetäfelten Wänden bietet sie einen fantastischen Blick auf das Diemeltal und den Reinhardswald. Durch das märchenhaft verzaubernde Ambiente fühlt man sich in vergangene Zeiten zurückversetzt. In der Altstadt ist die **Marienkirche,** eine spätgotische Hallenkirche mit spätmittelalterlichen Wandgemälden, einem Taufbecken aus derselben Epoche und dem Chorgestühl äußerst sehenswert. Daneben steht das **Rathaus,** ein ebenfalls spätgotischer dreigeschossiger Fachwerkbau mit gotischem Portal und einer Sonnenuhr aus dem Jahr 1582.

*Landgraf Carl von Hessen-Kassel plante Anfang des 18. Jahrhunderts einen Schifffahrtsweg zwischen Weser und Lahn für den die Diemel schiffbar gemacht werden sollte. Realisiert wurde nur der 19,6 Kilometer lange Abschnitt von Bad Karlshafen nach Schöneberg.*

Nach der Besichtigung von Trendelburg fahren wir denselben Weg wieder hinunter und treffen auf die

**Der Kastanienhof in Hümme**

**Naturschutzgebiet im Diemeltal bei Deisel**

**Karlshafener Straße** und **B 83.** Auf dem gegenüberliegenden Geh- und Radweg überqueren wir auf der Brücke die Diemel und halten uns links an der Abzweigung in die **Friedrichsfelder Straße,** wonach wir das ehemalige Bahnhofsgebäude erreichen, das heute als Sozialstation und Bankfiliale dient. Noch kurz davor kann man am Diemelufer auf einer Wiese mit Picknickbank Rast machen. Vor dem **Landgasthof Textor** führt der Radweg links in die Straße **Zur Abgunst**. Wenn uns Kopfsteinpflaster nichts ausmacht und wir der alten Bahntrasse schon jetzt folgen wollen, fahren wir auf der Straße **An der Carlsbahn** weiter, die direkt vor dem Bahnhof verläuft. Nach 250 Metern gelangen wir dann auf die alte unbefestigte Bahntrasse. Nach weiteren 150 Metern trifft man am Diemelufer auf einen Waldweg und kommt somit wieder auf die eigentliche Radroute.

Folgen wir vom Bahnhof gleich dem offiziellen Radweg nach Bad Karlshafen, halten wir uns an der nächsten Gabelung links, danach wieder links Richtung Kulturhalle, nach der der Weg in einen Wald führt und nach links abknickt. Wir radeln an der Diemel entlang und werden, nachdem wir den Wald wieder verlassen haben, links hinunter auf die Bahntrasse geführt, die ab hier mit perfekt geteerter breiter Fahrbahn glänzt. In einer langgezogenen Rechtskurve fahren wir auf leicht erhöhtem Bahndamm durch ein Feuchtgebiet mit Bruchweiden. Am Rande des Tals erreichen wir wieder den Wald mit alten, knorrigen Bäumen. Mitten im Wald endet der Radweg auf der Bahntrasse unerwartet vor einem Zaun, an dem wir von einer Infotafel über den Grund aufgeklärt werden. Das Stück von hier bis zum Tunnel ist nämlich **Naturschutzgebiet**, weshalb wir nach links talwärts ausweichen müssen.

Der Weg führt zwischen urwüchsigem Naturschutzgebiet und dem weiten grünen Tal entlang der Diemel. Nach 600 Metern stoppen wir an einer Gruppe Wegweisern. Man kann entweder weiter auf dem asphaltierten Weg fahren oder rechts einen kurzen steilen Pfad sein Rad bergauf schieben, um zum Südportal des **Carlsbahntunnels** ⑪ zu gelangen. Natürlich ist der Tunnel unser Ziel. Für den Rückweg können wir dann den Weg außen herum über den Berg nehmen, der etwa 1 Kilometer länger ist und eine stärkere Steigung aufweist.

**Das Restaurant Burg Trendelburg**

Der Pfad endet unmittelbar vor dem Tunnelportal. Der 202 Meter lange Tunnel wurde 1846 erbaut und ist somit der älteste in Hessen. Nach dem Tunnelausgang fahren wir durch einen schönen Buchenwald, der sich den Berghang hinaufzieht. Am Ende des Walds überqueren wir die **Holzape,** ein Nebenfluss der Diemel. Hier sollten wir kurz stoppen, um einen Blick nach rechts auf die Wiese am Bach zu werfen, auf der eine Herde Strauße friedlich grast. In der anderen Richtung liegt hinter einer Baumgruppe das **Wasserschloss Wülmersen,** über das wir auf einer Infotafel Details erfahren. Nach 150 Metern erreichen wir eine **Wegkreuzung.** Nach rechts führt durch das äußerst malerische Holzapetal ein Radweg, über den man auch nach 12 Kilometern die Sababurg erreicht. Geradeaus führt unser Radweg weiter und scharf nach links müssen wir für einen Besuch des Wasserschlosses abbiegen. Vorbei an einem historischen Wohnhaus erreichen wir die malerische Burganlage, vor deren Hauptportal der gemütliche Biergarten des **Café Mehlschwalbe** ⓬ zu einer Einkehr lockt. Auch innen ist das Café sehr stilvoll eingerichtet. Eine italienische Espressomaschine lässt Kaffeegenuss erwarten. Das älteste der erhaltenen Gebäude des Anwesens stammt aus dem 12. Jahrhundert. Die Burg lag lange als Ruine da und wurde erst Ende des 20. Jahrhunderts nach und nach äußerst behutsam wieder aufgebaut. In der alten Herrenhausruine finden im Sommer Kulturveranstaltungen statt.

Zurück auf dem Radweg tauchen wir in die Stille des Reinhardswalds ein, durch den sich die Diemel unbekümmert und naturbelassen winden kann. Die Hänge über der Talaue sind dicht mit Wald bewachsen. Hoch über der linken Talseite ragen die Mauern der Burgruine **Krukenburg** hinter Bäumen auf. Am Ortsrand von **Helmarshausen,** beim Campingplatz Diemelaue, stoßen wir auf den **Breiten Weg,** auf den wir scharf rechts abbiegen. Nach 50 Metern biegen wir dann scharf links auf einen baumbestandenen Weg. Hier sind wir kurz wieder auf der Bahntrasse, bis wir den ehemaligen Bahnhof erreichen. Etwas im Zickzack folgen wir der Radwegbeschilderung, überqueren die Gottbürener Straße auf den **Königsberg,** von wo aus

**Wasserschloss Wülmersen**

wir schräg links hinunter zurück auf die Bahntrasse geleitet werden. Wir fahren weiter am Rand des Tals durch dichten Wald, bis der Weg schließlich die Bahntrasse kaum merklich nach links verlässt und zuerst als Forstweg und dann als asphaltiertes Sträßchen weiterführt. Wir erreichen den Stadtrand von **Bad Karlshafen.** Schönen alte Villen stehen hier. An einer T-Kreuzung biegen wir links ab und vor dem **Invalidenhaus** wieder rechts in die **Carlstraße.** Gleich an der nächsten Kreuzung überqueren wir den **Landgraf-Carl-Kanal** ⑬, der am Hafenbecken in 120 Meter Entfernung rechts beginnt. Fahren wir hier rechts, gelangen wir zum **Karlshafen**, dem Gründungsanlass und Mittelpunkt der beeindruckenden barocken Planstadt. Er ist seit 2019 wieder über eine Schleuse mit der Weser verbunden. Entlang der Hafenmauer liegen mehrere Restaurants und das **Deutsche Hugenotten-Museum** ⑭. Wer beim Essen lieber auf die Weser blicken will, dem sei Hessen à la Carte im Restaurant **Zum Weserdampfschiff** ⑮ mit schöner Terrasse am Flussufer empfohlen.

**Barockhafen Bad Karlshafen**

# Carlsbahn

Die Carlsbahn war eine Eisenbahnstrecke zwischen Bad Karlshafen und Hümme und ein Teilstück der Verbindung Kassel–Bad Karlshafen. Sie gehörte einer 1844 gegründeten hessischen privaten Eisenbahngesellschaft und diente in erster Linie dem Anschluss Kassels an die Weserschifffahrt. Der Name der 1848 eröffneten Bahnlinie sollte an Landgraf Carl erinnern, der Bad Karlshafen 1699 als Hugenottensiedlung gegründet hatte. Durch den Bau einer neuen Bahnlinie nach Warburg 1851 verlor die Carlsbahn an Bedeutung und wurde zur Nebenbahn. 1966 wurde der Verkehr auf dem größten Teil der Strecke aufgrund des maroden Zustands der Bahnanlage eingestellt, da für die Sanierung keine Mittel bereitgestellt wurden. 2014 wurde der Radweg mit Freigabe des Tunnels eröffnet.

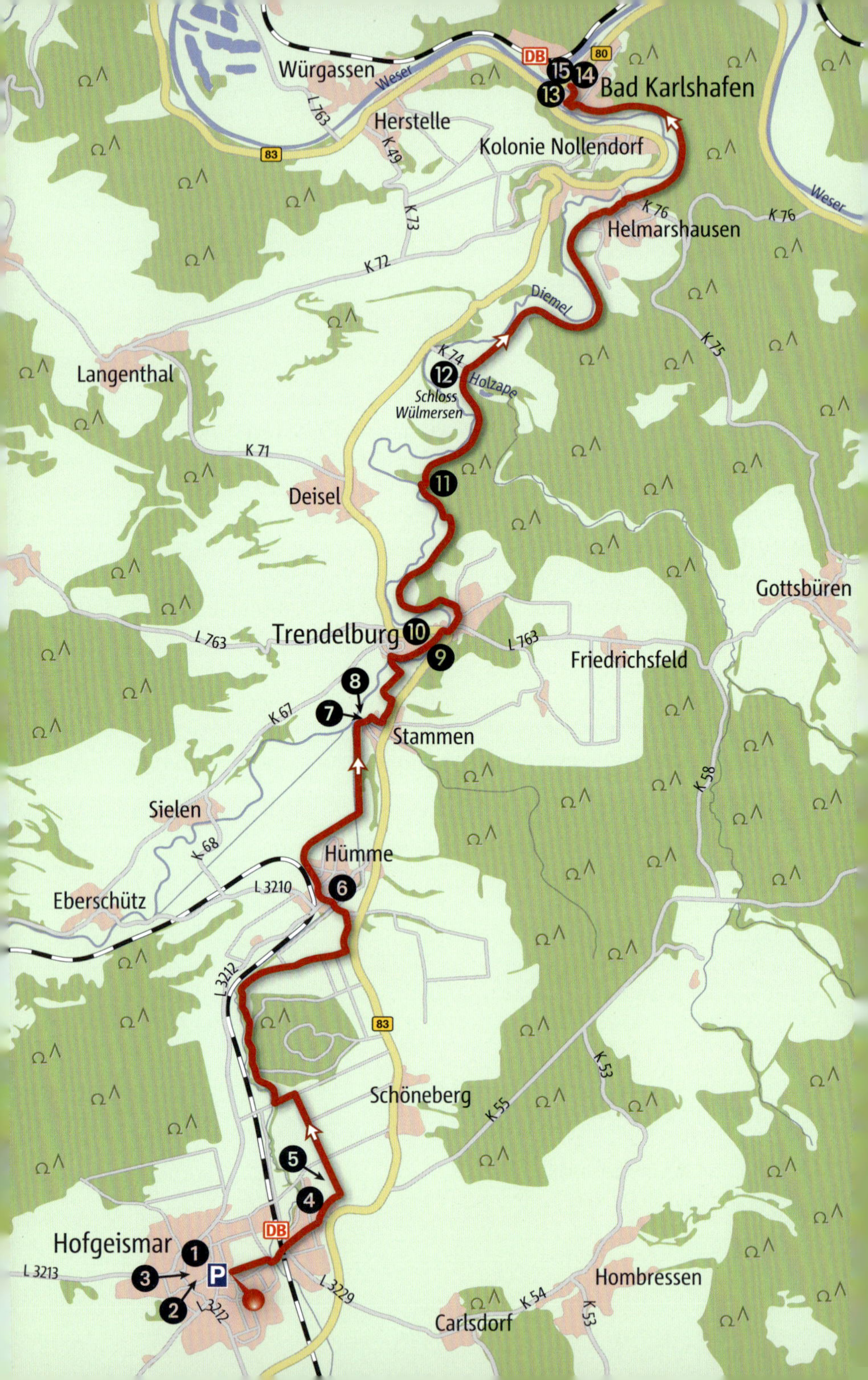
Würgassen
Weser
L 763
Herstelle
K 49
83
DB
80
Bad Karlshafen
Kolonie Nollendorf
K 73
K 76
Helmarshausen
Weser
K 72
Diemel
K 75
K 74
Langenthal
Schloss
Wülmersen
Holzape
K 71
Deisel
Gottsbüren
Trendelburg
L 763
L 763
Friedrichsfeld
K 67
Stammen
K 58
Sielen
K 68
Hümme
L 3210
Eberschütz
L 3212
83
Schöneberg
K 55
K 53
Hofgeismar
DB
L 3213
P
L 3212
L 3229
Hombressen
K 54
K 53
Carlsdorf

## Alles auf einen Blick

Entspannung ✱✱✱✱✱
Genuss ✱✱✱
Romantik ✱✱✱✱✱

**WIE & WANN:**
**Größtenteils asphaltierte Feld- und Radwege, wenige kurze Abschnitte geschottert, keine nennenswerten Steigungen. Ganzjährig gut befahrbar, beste Radelzeit von Frühling bis Herbst.**

**HIN & WEG:**
**Auto:** Parkplatz am ZOB, Am Anger, 34369 Hofgeismar (GPS: 51.49538, 9.38602)
**ÖPNV:** Bf. Hofgeismar (RB), Fahrradbus der NVV (Linie 180) fährt an Wochenenden von April bis Oktober, Tel. (0 55 44) 9 50 30

**ESSEN & ENTSPANNEN:**
**Zum Alten Brauhaus** ❷ Marktstraße 12, 34369 Hofgeismar, Tel. (0 56 71) 30 81, www.zumaltenbrauhaus.de
**Hofgut Stammen** ❽ Schloßstraße 29, 34388 Stammen, Tel. (0 56 75) 72 50 94, www.hofgut.de
**Burg Trendelburg** ❿ Steinweg 1, 34388 Trendelburg, Tel. (0 56 75) 90 90, www.burg-hotel-trendelburg.com
**Café Mehlschwalbe** ⓬ Wasserschloss Wülmersen, 34388 Trendelburg, Tel. (0 56 75) 7 21 08 16, www.mehlschwalbe-cafe.de
**Zum Weserdampfschiff** ⓯ Weserstraße 25, 34385 Bad Karlshafen, Tel. (0 56 72) 24 25, www.zumweserdampfschiff.de

**ENTDECKEN & ERLEBEN:**
**Steinernes Haus ❶; Altstädter Kirche und evangelisches Dekanat ❸**
**Gesundbrunnen ❹; Schlösschen Schönberg ❺**
**Kastanienhof ❻; Schloss Stammen ❼**
**Mühle Conradi ❾; Carlsbahntunnel ⓫**
**Landgraf-Carl-Kanal ⓭; Deutsches Hugenotten-Museum ⓮**

- 43 Kilometer
- 450 Höhenmeter
- 4 Stunden
- Rundtour

**Idyllisches Pausenplätzchen**

Unsere Rundtour startet in **Löhnberg** entweder an der Bahnstation der Lahntalbahn oder am Pendlerparkplatz. Am Bahnhof müssen wir zuerst am Bahnübergang die Gleise überqueren und uns danach auf dem Seltersweg, auf dem der Lahnradweg verläuft, bis zum nächsten Bahnübergang weiterfahren. Hier überqueren wir wieder die Bahnlinie und fahren nach rechts auf der Industriestraße 500 Meter bis zur Einmündung in die Brunnenstraße. Auf die treffen wir auch, wenn wir vom rechts in der Seitenstraße gelegenen Pendlerparkplatz starten.

Wir biegen rechts auf die vorfahrtberechtigte **Brunnenstraße** ab und treffen nach wenigen Metern auf die Auffahrt zur **Schnellstraße B 49,** die nach rechts ab-

# Dreitälerrunde

## Durch Lahn-, Ulm- und Kallenbachtal

zweigt. Wir halten uns links Richtung Wetzlar und Biskirchen, überqueren die Bundesstraße und biegen nach der Brücke dem Radwegweiser folgend scharf nach rechts auf eine schmale Landstraße ohne Mittelstreifen ab. Sie führt uns durch das Lahntal, bis wir nach 3 Kilometern mit Biskirchen den nächsten Ort erreichen. Zuvor kommen wir an der modernen Abfüllanlage der **Neuselters Mineralquelle** und dem altehrwürdigen Bau der **Heilquelle Karlssprudel** vorbei. Gegenüber einem Discounter treffen wir auf die **Weilburger Straße,** auf der wir rechts nach **Biskirchen** fahren. Nach gut 200 Metern biegen wir an der nächsten Abzweigung – den Radwegweisern Richtung Allendorf folgend – links in das **Ulmtal** ab. Nach einem knappen halben Kilometer fahren wir am Ende eines Sportplatzes links und überqueren hier die nicht ausgebaute, aber deutlich erkennbare ehemalige Bahntrasse. Wir biegen sofort wieder rechts ab auf einen landwirtschaftlichen Weg, der zunächst parallel entlang der mit Bäumen und Sträuchern bewachsenen Bahntrasse verläuft. Wir tauchen immer tiefer ein in die ländliche Idylle des Ulmtals mit seinen Wiesen, Feldern und Wäldern und ohne Hauptverkehrsadern und Industriegebiete. Nach etwa 800 Metern werden wir plötzlich durch eine Öffnung im Dickicht von der alten **Bahntrasse** aufgenommen, ausgeschildert mit **Ulmtal-Radweg.** Das Outdoor Zentrum Lahntal hat diesen nicht asphaltierten Abschnitt in Eigeninitiative ausgebaut. Bis Beilstein haben wir nun etwa 12 Kilometer Bahntrasse durch das Ulmtal vor uns, dank künstlicher Taleinschnitte und aufgeschütteter Dämme nur sanft ansteigend. Ab einer Brücke und einer

Grünes Lahntal

Abzweigung, an der eine alternative Wegführung des Ulmtal-Radwegs über die L 3324 einmündet, ist die Fahrbahn asphaltiert und führt uns weiter zunächst bis zum **Outdoor Zentrum Lahntal ①**, das sich dem Abenteuertourismus verschrieben hat. Hier, mitten im Wald, kann man im Hobbithaus oder in Tipizelten übernachten oder, für uns Radler eher interessant, im schönen Biergarten einkehren.

Nach längerer Fahrt durch den Wald treffen wir an einer Wegkreuzung auf einen Rastplatz mit Schutzhütte. Eine Infotafel klärt uns darüber auf, dass hier ab 1439 bis ins 20. Jahrhundert hinein Eisenerzbergbau betrieben wurde. Das lässt sich heute in diesem ländlichen Idyll nicht mal mehr erahnen. Kurz danach treffen wir auf den **Skulpturenpark Siegfried Fietz ②**, an dem wir für einen Besuch der ausgestellten Skulpturen inmitten von Natur unter alten Bäumen unbedingt halten sollten. „Dort wo Marmor, Stein und Eisen spricht, und der Ton die Musik macht" ist der Titel, den der Künstler Siegfried Fietz der Ausstellung mit Werken aus Holz, Eisen und Stein gegeben hat.

## Für die Seele

Gemütliche Tour an Bächen und Flüssen durch drei stille Täler und über bewaldeten Höhen des Westerwalds. Erfrischender Halt zum Wassertreten und an kühlen Mineralquellen.

Wir fahren weiter. Schon nach wenigen Metern müssen wir die Bahntrasse vor einer Straße verlassen und folgen der Wegweisung am Ortsrand von **Allendorf** im Bereich des ehemaligen Bahnhofgeländes, bis wir wieder auf die ursprüngliche Bahntrasse mit neu asphaltierter Fahrbahn geleitet werden. Unsere Tour führt weiter durch eine Landschaft mit Wiesen und

*Siegried Fietz hat mit zahlreichen Künstlern einen wunderbaren Skulpturenpark und Ort der Stille geschaffen. Jede Skulptur ist mit einer Infotafel und einem QR-Code versehen, mithilfe dessen man einer kleinen Audiodatei lauschen kann, in der uns der Künstler etwas über sein Werk erzählt.*

Skulpturenpark Siegfried Fietz

Feldern. Oberhalb des Dorfs **Ulm** gab es eine weitere Haltestation, die heute als **Rastplatz Ulm** ❸ mit Schutzhütte mit wunderbarer Aussicht auf das Ulmtal dient.

Schon nach 1,5 Kilometern erreichen wir beim schönen ehemaligen **Bahnhofsgebäude von Holzhausen** ❹ einen weiteren Hinweis auf die Bergbautradition der Region. An einem nachgestellten Grubeneingang mit Loren erfahren wir, dass hier unter und über Tage Ton abgebaut und verladen wurde.

Unser Weg taucht schließlich wieder in einen Wald ein. An einer Wegkreuzung bietet sich ein Abstecher hinunter ins Tal zur **Ulmbachtalsperre** ❺ an, wo die **Pizzeria Piccolo** ❻ am Campingplatz eine der wenigen Einkehrmöglichkeiten dieser Tour bietet. Wenig später erreichen wir einen kleinen Rastplatz mit Liegebänken, von denen aus man durch eine Schneise im Wald auf die Talsperre schauen kann. An der **Station Wallendorf** ❼ kurz vor Erreichen des Bahntrassenendes in Beilstein wartet ein Rastplatz, wo man auf einer Tafel über den seit 1903 betriebenen Basaltabbau informiert wird. Der Vulkanstein wurde zu Kopfsteinpflaster oder Split verarbeitet und wird heute noch in Beilstein abgebaut.

Ein kurzes Stück weiter endet der Radweg auf der Bahntrasse unvermittelt vor dem ehemaligen Bahnhofsgelände von **Beilstein,** das die Endstation der Stichbahn darstellte. Wir fahren links auf einem Sträßchen steil den Berg hinauf, wobei wir dem Wegweiser Richtung **Odersberg** folgen. Nach 200 Metern biegen wir beim Schützenhaus rechts auf einen Radweg, der uns in den Wald führt. Nach Überquerung der Landstraße **L 3046** verlassen wir den Wald und folgen der Radwegmarkierung an der nächsten Abzweigung nach rechts. Im weiteren Verlauf folgen wir stets den Radwegsymbolen auf dem perfekt asphaltierten Weg, der noch immer leicht ansteigt, durch hügelige Landschaft mit Wiesen, gesprenkelt mit Bäumen und kleinen Wäldern. Nach etwa 1 Kilometer machen wir an einem kleinen Rastplatz rechts unterhalb des Wegs Halt, wo wir zunächst unseren Füßen im einem

**Info zum Bergbau in Holzhausen**

**Kneippbecken** **8** eine Abkühlung gönnen. Der lokale Heimatverein hat mit bewundernswerter Eigenleistung das Becken gepflastert, das stets mit kaltem Quellwasser gespeist wird. Von hier hat man einen herrlichen Blick auf die Landschaft rund um Beilstein und erkennt auch rechts des Orts den heute noch aktiven Basaltsteinbruch. Erfrischt steigen wir wieder auf die Räder und biegen an der nächsten Abzweigung scharf nach links oben auf den Ulmtal-Radweg ab. Nach etwa 2 Kilometern biegen wir vor dem kleinen Ort **Odersberg** rechts ab und überqueren die **Weilburger Straße** schräg rechts Richtung Knoten. Nach knapp 1 Kilometer wechselt der asphaltierte Weg in einen geschotterten Forstweg, auf dem wir stets der Radwegmarkierung und der Wegweisung zur **Krombach-Talsperre** folgen. Der Wald ist teilweise von Dürrejahren und Borkenkäferbefall stark in Mitleidenschaft gezogen worden. Oben auf dem **Knoten**, so der Name des Bergs, auf dem wir gleich den höchsten Punkt unserer

Rundtour erreichen, lichtet sich der Wald auf natürliche Weise zur **Wacholderheide Hahrehausen 9**.

Nach dem Adolf-Weiss-Denkmal kommen wir an einigen Windkraftwerken vorbei, bis wir nach etwa 1 Kilometer an einer Wegkreuzung mit mehreren Radwegweisern am Ende einer großen geschotterten Fläche das Ende des Ulmtal-Radwegs erreichen. Wenn wir noch vor der eigentlichen Kreuzung von der Schotterfläche aus nach links den Weg zu einem erhöht stehenden Windrad nehmen, erreichen wir gleichzeitig die sogenannte **Sonnenuhr Windpark Knoten 10**, bei der der Schatten des Turms auf künstlich arrangierte Felsgruppen fällt und somit die Uhrzeit anzeigt – tatsächlich eine gigantisch große Sonnenuhr. Die kurze Anfahrt zu diesem Ort lohnt aber in erster Linie wegen des fantastischen Panoramablicks vom fast 600 Meter hoch gelegenen **Aussichtspunkt.** Wir fahren den kurzen Abstecher zurück zur Wegkreuzung und dort links auf den mit **R 8** beschilderten

**Fantastischer Panoramablick auf Arborn am Knoten**

Weg Richtung Hadamar und Mengerskirchen. Zunächst geht es noch ein kleines Stück auf Schotter bergauf und dann – ab dem höchsten Punkt – auf einem asphaltierten Weg praktisch nur noch bergab. Wir können die Räder schnurgerade talwärts rollen lassen, vorbei an Wacholderheide mit Weißdornsträuchern, bis wir auf die **L 3046** stoßen. Hier biegen wir links ab, während der R 8 rechts nach Mengerskirchen führt. Schon nach 150 Metern können wir die Landstraße wieder nach rechts auf dem **Kallenbachtal-Radweg** Richtung Lahntal und Löhnberg verlassen. Bald führt der Weg recht steil bergab auf **Arborn** im Kallenbachtal zu. Kurz vor dem Ort biegen wir rechts ab und an der nächsten Abzweigung scharf links. An der ersten Kreuzung fahren wir rechts, an der nächsten links und dann wieder rechts das Tal hinunter Richtung Nenderoth. Bis dorthin verläuft der Weg entlang dem **Naturschutzgebiet Kallenbachtal** zu unserer Rechten.

Kurz bevor wir in **Nenderoth** die Hauptstraße erreichen, folgen wir rechts dem Radwegsymbol und

**Auf dem Kallenbachtal-Radweg**

schlängeln uns über **Kallenbachweg** und **Johannisburger Weg** durch den Ort und verlassen ihn Richtung Kläranlage. An der nächsten Kreuzung folgen wir dem Radwegweiser nach links auf einen asphaltierten Feldweg, der bald in geschotterten Untergrund wechselt und durch ein traumhaft schönes **Naturschutzgebiet** führt. Unmittelbar bevor unser Radweg den Kallenbach überquert, folgen wir rechts dem kleinen Hinweisschild zur **Bismarckquelle** ⓫, die sich gleich hinter Büschen unter einem kleinen Dach befindet. Über einen Hebel kann man sich kühles, kohlensäurehaltiges Mineralwasser in seine Trinkflasche pumpen und auf einer Tafel die Zusammensetzung nachlesen. Über eine kleine Treppe steigt man bequem zum Bach hinunter, um seine Füße im kühlen Wasser zu erfrischen.

Hinter der Brücke biegen wir links ab und treffen gleich auf die nächste Quelle, an der man sich Wasser der **Ködinger Quelle** ⓬ mit einer anderen Zusammensetzung abfüllen kann. 600 Meter weiter treffen wir noch auf die **Quelle in der Huber** ⓭.

Wir lassen die Räder weiter bergab laufen und freuen uns bald wieder über Asphalt unter den Reifen. In **Obershausen** stoßen wir auf die **Hauptstraße** und durchqueren das Dorf. Nach dem Ortsende verlassen wir die Landstraße nach rechts in Richtung Löhnberg und fahren weiter auf einem Feldweg mit Grasstreifen in der Mitte am Kallenbach entlang. Der Verlauf des Weges bringt uns nach **Niedershausen,** wo wir schließlich die Hauptdurchgangsstraße **Löhnberger Straße** auf der anderen Seite des Kallenbachs erreichen. Gegenüber liegt das **Gasthaus Neu Zum Westerwald** ⓮ mit schöner Terrasse hinter dem Haus. Wir folgen der Löhnberger Straße ein kleines Stück, bis wir nach einer Linkskurve rechts abbiegen auf die Straße **In den Brüchern.** Weiter geht es nach dem Ortsende auf einem Radweg durch die grüne Talaue. Nach etwa 2 Kilometern trifft der Radweg in der Nähe eines großen Sägewerks auf die **Löhnberger Hütte,** wo wir rechts abbiegen.

*Die Gemeinde Löhnberg ist die Heimat von Selters Mineralwasser und gehört mit ihren 20 Brunnen zu den größten Mineralwassergebieten Deutschlands. Die Brunnen im Kallenbachtal wurden im Jahr 2017 reaktiviert.*

Im weiteren Verlauf trifft der Weg auf die vorfahrtberechtigte **Selbenhäuser Straße,** wo wir nach links auf den linksseitigen Radweg abbiegen und die Brücke der **Schnellstraße B 49** unterqueren. Nach gut 300 Metern biegen wir im Gewerbegebiet von **Löhnberg** links in den **Grünen Weg** ab, folgen ihm bis zur übernächsten Kreuzung, wo wir links in den **Eichenweg** und danach rechts in den **Ahornweg** abbiegen. Der mündet in die **Wetzlarer Straße,** auf der wir nach links fahren, bis wir auf die vorfahrtberechtigte **Brunnenstraße** stoßen, an der wir unsere Rundtour begonnen haben, und rechts abbiegen Richtung Löhnberg Ortsmitte. Gleich die nächste Linksabzweigung bringt uns entweder zum **Pendlerparkplatz** oder auf der Industriestraße zurück zur **Bahnstation**. Fahren wir stattdessen auf der Brunnenstraße weiter, nach der Tankstelle geradeaus und halten uns danach links bergauf, erreichen wir nach etwa 700 Metern den alten Ortskern mit der **Schlossruine Lahneburg und der Schlosskirche** ⑮, einem schmucken evangelischen Gotteshaus. Vom Platz zwischen beiden Gebäuden blickt man hinunter auf die Lahn.

Schlossruine Lahneburg

## Die Ulmtalbahn

Die Ulmtalbahn, die im Volksmund auch Balkan-Express genannt wurde, war eine eingleisige Stichbahn, die von Stockhausen an der Lahn bis nach Beilstein im Ulmtal verlief. Die etwa 15 Kilometer lange Strecke wurde erst 1922 eingeweiht. Der Personenverkehr wurde 1976 und der Güterverkehr 1988 eingestellt. Anfang der 1990er-Jahre wurde die Strecke abgebaut und ab 2010 mit dem Bau des Radwegs auf der alten Bahntrasse begonnen. Ab Stockhausen verlief das Gleis parallel zur Lahntalbahn und bog in Biskirchen ohne Halt in das Ulmtal ab. Mit einer durchschnittlichen Steigung von 2,22 Prozent und einer maximalen Geschwindigkeit von 40 km/h erklomm sie rund 250 Meter Höhenunterschied.

Beilstein
Greifenthal
Daubhausen
Holzhausen
Odersberg
Rodenroth
Knoten
Oberrod
Arborn
Nenderoth
Kallenbach
Ulm
Ulmbach
Allendorf
Elsoff
Mengerskirchen
Obershausen
Winkels
Dillhausen
Bissenberg
Leun
Seeweiher Mengerskirchen
Probbach
Stockhausen
Faulbach
Waldernbach
Niedershausen
Biskirchen
Tiefenbach
Lahn
Barig-Selbenhausen
Vöhlerbach
Selters
Löhnberg
Merenberg
DB
P
L 3044
L 3046
K 386
L 3282
K 90
L 298
L 3281
K 450
L 3324
K 383
L 3020
K 382
L 299
K 453
L 3453
L 3370
K 451
L 3109
L 3278
K 416
K 418
K 380
49

# Alles auf einen Blick

**WIE & WANN:**
**Größtenteils Rad- und Feldwege und kaum befahrende Straßen, vorwiegend asphaltiert. Konstante Steigung auf 20 Kilometer, Gefälle auf 15 Kilometer. Ideal für E-Bike. Schönste Radelzeit von Frühling bis Herbst.**

**HIN & WEG:**
**Auto:** Pendlerparkplatz, Industriestraße 2, 35792 Löhnberg (GPS: 50.51742, 8.2736)
**ÖPNV:** Station Löhnberg (RB)

**ESSEN & ENTSPANNEN:**
**Outdoor Zentrum Lahntal** ❶ Märchenpark 1, 35753 Greifenstein-Allendorf, Tel. (0 64 73) 41 25 55, outdoor-zentrum-lahntal.de
**Pizzeria Piccolo** ❻ Ulmbachtalsperre 1, 35753 Greifenstein, Tel. (02 77 95) 10 02 60, pizzeriapiccoloulmbachtalsperre.de

Entspannung ★★★★☆
Genuss ★★★☆☆
Romantik ★★★★☆

**Gasthaus Neu Zum Westerwald** ⓮ Löhnberger Straße 24, 35792 Löhnberg, Tel. (0 64 71) 6 12 33, www.gasthaus-neu.de

**ENTDECKEN & ERLEBEN:**
**Skulpturenpark Siegfried Fietz** ❷ Lenzwies, 35753 Greifenstein-Allendorf, skulpturenpark.info
**Rastplatz Ulm ❸; Bahnhofsgebäude von Holzhausen ❹**
**Ulmbachtalsperre ❺; Station Wallendorf ❼**
**Kneippbecken ❽; Wacholderheide Hahrehausen ❾**
**Sonnenuhr Windpark Knoten ❿; Bismarckquelle ⓫**
**Ködinger Quelle ⓬; Quelle in der Huber ⓭**
**Schlossruine Lahneburg und Schlosskirche ⓯**

Auf dem Weg zu
Schloss Eisenbach
✳ 40 Kilometer
✳ 330 Höhenmeter
✳ 3 Stunden
✳ Streckentour

Die Zufahrt zum **Parkplatz** am Vulkan-Radweg in Hartmannshain liegt direkt an der Haltestelle des Fahrradbusses. Hier, über dem höchsten Punkt der Bahnstrecke, den früher die Oberwaldbahn zu überwinden hatte, verläuft heute der **Vulkan-Radweg.** Man kann hier in zwei Richtungen starten, nach Süden in die Wetterau und nach Norden über Lauterbach nach Bad Salzschlirf und sogar bis Schlitz. Da wir heute eine Tour nach **Bad Salzschlirf** fahren wollen, starten wir nach links. Sollte man jetzt schon kulinarische Gelüste verspüren, ist man im 100 Meter entfernten **Gasthaus Tor zum Vogelsberg** ❶ bestens aufgehoben.

*Der Vogelsberg ist das größte geschlossene Basaltmassiv Europas. Im Oberwald erreicht es mit dem Taufstein mit 773 Metern seine höchste Erhebung und fällt ringsherum zum Unteren Vogelsberg hin ab, nach Norden zu einem Hochplateau von ca. 400 Metern Höhe jedoch deutlich weniger.*

Schon nach gut 200 Metern unterqueren wir die erste **Brücke**, die recht frisch saniert ist, und können

# Basaltland

## Vom Vogelsberg nach Bad Salzschlirf

uns gleich auf eine etwa 7 Kilometer lange Talfahrt freuen. Nach 1.300 Metern bremsen wir beim Schild **Rhönblick** ❷ ab. In einer Lücke im Gebüsch entlang der Trasse steht eine Bank, von der man über die Vogelsberglandschaft bis zu den Vulkankegeln der Rhön schauen kann. Der Radweg nähert sich der **B 275,** die hier eine Schleife der Bahntrasse gekappt hat. Der Weg folgt ein Stück der Straße und knickt dann nach rechts ab, um ab hier wieder auf der Bahntrasse weiterzuführen. Auch im weiteren Verlauf bietet die Route immer wieder Ausblicke auf die hügelige Landschaft des Vogelsbergs mit Wiesen, Feldern und Baumreihen und auf die Rhön in der Ferne. Der erste Ort, den wir erreichen, ist **Crainfeld,** wo am Radweg der **Vogelsberger**

Blick vom Vulkan-Radweg Richtung Rhön

**Hof** ❸ mit seinem Biergarten auf Besucher wartet. Auch eine Ladestation für E-Bikes steht zur Verfügung. Ab hier fahren wir nun weiter durch das ebene weite Tal der **Schwarza** mit blumenreichen Wiesen. An einem **Rastplatz** steht eine Tafel, die uns über das Wiesenbrüterprojekt Grebenhain informiert. Durch extensive Bewirtschaftung werden Lebensräume für seltene Vogelarten erhalten.

Nach dem ehemaligen Bahnhof **Grebenhain** überqueren wir die **B 275**. Im folgenden Abschnitt beschreibt der kurzzeitig leicht ansteigende Weg, der hier von zahlreichen knorrigen Eichen begleitet wird, eine lange Linkskurve. Vor uns unten im Tal erscheint das idyllisch daliegende **Ilbeshausen,** wohin wir gleich einen Abstecher machen werden, um die Teufelsmühle zu besichtigen. Eine Bank unter einer alten Eiche lädt dazu ein, diesen Blick ausführlich zu genießen. 400 Meter, nachdem wir die kleine Landstraße **L 3168** gekreuzt haben, biegen wir für den Abstecher zur **Teufelsmühle** ❹ auf einen Weg nach rechts ab, der uns hinunter nach **Ilbeshausen** führt. Wer darauf verzichten will, folgt einfach dem Radweg auf der Bahntrasse weiter. Unten im Tal sieht man die Teufelsmühle, ein schönes altes Fachwerkhaus, an dem sich heute noch ein Wasserrad dreht. Wir müssen nicht denselben Weg zurückfahren, sondern biegen einfach an der nächsten Kreuzung auf die **Hindenburgstraße** links ab und erreichen nach 250 Metern den Radweg, der die Straße kreuzt, und setzen hier die Fahrt nach rechts fort. Der Vulkan-Radweg führt nun ohne größeres Gefälle relativ eben weiter, immer wieder geht es durch künstliche Taleinschnitte mit moosbewachsenem Vulkangestein oder über aufgeschüttete Dämme. Damit wurden die natürlichen Unebenheiten des Gelän-

## Für die Seele

Von den bewaldeten Höhen des Hohen Vogelsbergs radeln wir entspannt bergab durch eine Bilderbuchlandschaft mit Schloss, Burgruine und Fachwerkidyll.

**Teufelsmuehle in Ilbeshausen-Hochwaldhausen**

des ausgeglichen, weshalb wir Radler ohne große Anstrengungen durch die Mittelgebirgslandschaft fahren können. Bei **Herbstein** überqueren wir die **B 275** leicht versetzt nach rechts, da hier im Bereich des ehemaligen Bahnhofgeländes die Trasse wegen Überbauung nicht befahrbar ist. Kurz vor einem Werkstor führt der Radweg links zwischen zwei Lärmschutzwänden hindurch. Nach ein paar Schlenkern werden wir hinter dem Betriebsgelände wieder auf die Bahntrasse geleitet. Nach 700 Metern bietet sich die Möglichkeit über einen **Abzweig** einen Abstecher nach **Herbstein** zu machen. Die auf einem Vulkankegel gelegene Stadt ist über 1.000 Jahre alt und war ab dem Mittelalter von einer Stadtmauer umgeben, die teilweise noch erhalten ist. Der ringförmig um die sehenswerte katholische **Kirche St. Jakobus** angelegte Stadtkern demonstriert die Wehrhaftigkeit der katholischen Enklave.

Weiter auf dem Vulkan-Radweg ragen bei einer Wegkreuzung zwei Steinsäulen auf – die Reste des

**Blick vom Vulkan-Radweg auf Herbstein**

Schloss Eisenbach

**Galgens** ⑤ des fuldischen Hochgerichts von 1709. Kurz darauf erreichen wir den ehemaligen Bahnhof von **Rixfeld** mit dem zauberhaften Café-Bistro Rosenbahnhof, das an Wochenenden selbst gebackenen Kuchen in nettem Ambiente drinnen und draußen anbietet.

Dank vieler alter Bäume wird die Landschaft nun parkartig, deren schöne Gestaltung sicher mit dem Bau des Schlosses Eisenbach einherging, dem wir uns langsam nähern. Wir kreuzen eine kleine schmale Straße, die **Zufahrt zum Schloss Eisenbach**. Wir haben hier zwei Optionen, entweder wir fahren auf dem Bahntrassenweg geradeaus am Rande des Parks unterhalb des Schlosses weiter, oder fahren über den Weg links hinauf zum Schloss, um nach einer Runde um das Schloss dort wieder auf den Radweg zu stoßen. Mit Sinn für Romantik sollte man sich unbedingt für die zweite Möglichkeit entscheiden. Ein mit mächtigen alten Bäumen gesäumter Weg bringt uns direkt bis zum Schloss. Auch auf den Feldern links unten im Tal, die im Frühling vom blühenden Raps gelb erstrahlen, stehen eindrucksvolle Baumriesen. Zuerst erreicht man das einfache **Gasthaus Burg Post** ❻ in einem kleinen Fachwerkhaus. Vor uns liegt nun das beeindruckende **Schloss Eisenbach** ❼, so unberührt und ursprünglich wie im Märchen. Die Zeit scheint hier stehen geblieben zu sein. 1217 wurde es zum ersten Mal urkundlich erwähnt. 500 Jahre lang blieb es im Besitz der Herren von Riedesel von Eisenbach. Das heutige Schloss stammt im Wesentlichen aus dem 16. Jahrhundert. Durch ein Tor betritt man die Vorburg, die öffentlich zugänglich ist. Ebenso der Schlosspark, der als Bergpark angelegt wurde und einen reichen Baumbestand aufweist. Wenn wir dem Weg am Schloss vorbei weiter folgen und rechts die Straße mit dem Schild Fahrverbot außer für Fahrräder und Anlieger hinunterfahren, erreichen wir in einem Bogen den Park unterhalb vom Schloss, überqueren den Eisenbach, an dem die verwunschen wirkende **Annenkapelle** von 1517 steht. Wieder auf dem Radweg fahren wir links, worauf es gleich wieder bergab durch schattigen Wald weitergeht. Kurze Zeit später fahren wir den kleinen mit Eisenbahnsignalen niedlich dekorierten Fachwerkbahnhof von **Fischborn** an. Heute beherbergt das Haus das Lokal **Zentralstation** ❽. Bei schönem Wetter sitzt man im netten Biergarten, bei kaltem in der guten Stube am Kaminofen.

Nach Überquerung einer Straße geht es von viel Grün umgeben flott weiter, bis nach einer langgezogenen Linkskurve der Radweg auf der ausgebauten Trasse abrupt endet. Die Oberwaldbahn fuhr hier früher in einem großen Bogen um Lauterbach herum bis zum Nordbahnhof und hatte dort Anschluss an die heute noch betriebene Bahnlinie Gießen–Fulda.

Wir werden in einer 180-Grad-Wende steil nach rechts hinuntergeleitet und fahren unten im Tal an der Lauter entlang. Langsam nähern wir uns der Altstadt von **Lauterbach,** indem wir dem Verlauf des Wegs und der Beschilderung folgen, bis wir eine mit Kopfstein

Annenkapelle am Eisenbach

*Möchte man die Radtour um 10 Kilometer verkürzen, lässt man die Tour in Lauterbach, wo die Bahnlinie der Oberwaldbahn endete, ausklingen. Auch hier besteht Anschluss an das Bahnnetz und den Fahrradbus*

gepflasterte Straße mit Fachwerkhäusern entlangfahren. An der nächsten Kreuzung fahren wir rechts. Beim **Hotel Schubert 9**, in dem man bei gediegenen Preisen gut essen kann, fahren wir noch vor der Lauter links bis zur nächsten Brücke. Spätestens hier sollten wir einen Abstecher, am besten zu Fuß, in die **Altstadt** unternehmen. Man trifft sofort auf ein äußerst malerisches Ensemble an der **Gastwirtschaft Am Ankerturm 10.** Geht man hier die Treppen hinauf, gelangt man zum Marktplatz, wo man vor der **Stadtkirche** sehr schön im Straßencafé des **Eiscafé Forum** sitzen kann. An dieser Stelle verjüngt sich der Marktplatz zu einer Gasse, die zur schönen Gaststätte Zur Wachtel führt. Danach gelangt man auf einen Platz mit dem **Hohhaus-Museum im barocken Stadtschloss.** Links daneben verzaubert schon beim ersten Anblick das **Café Stöhr 11** in einem schönen Fachwerkhaus mit Teegebäck, Pralinen und Trüffel und kleiner hübscher Terrasse.

Am Eisenbach

Gastwirtschaft Am Ankerturm in Lauterbach

Zurück bei den Rädern überqueren wir die Lauter und biegen danach sofort links ab, um am Flussufer entlang bis zur nächsten Brücke zu radeln. Dort wartet auf der gegenüberliegenden Seite mit der **zweibar** eine schöne Gelegenheit, um an der Lauter bei einem Drink unter einem Ahornbaum zu entspannen. Wir fahren an dem rechten Flussufer bis zum großen **Parkplatz an der Bleiche** weiter, den wir diagonal nach rechts hinten überqueren und auf einem kleinen asphaltierten Weg die **Lindenstraße** (B 275) erreichen. Wir überqueren die Bundesstraße und fahren gegenüber in die **Moselstraße,** die später in die **Rhönstraße** übergeht, wobei wir stets dem Radweg **R 2** folgen. An der Einmündung in die **Fuldaer Straße** (B 254) biegen wir rechts ab und fahren dann 2,6 Kilometer auf dem Radweg entlang der stark befahrenen Bundesstraße bis **Angersbach.** An einer Fußgängerampel biegen wir links ab Richtung **Bad Salzschlirf.**

*Da die Radtour keine Steigungen aufweist, kann man sie bequem auch über Bad Salzschlirf hinaus auf einer anderen alten Bahntrasse bis Schlitz um 10 Kilometer verlängern. Von dort ist an den Wochenenden die Rückfahrt nach Hartmannshain mit dem Vulkan-Express möglich.*

**Burgruine Wartenberg**

Der Weg führt auf die Lauter zu, nach 200 Metern biegen wir scharf rechts ab und an der folgenden T-Kreuzung am Ortsrand halten wir uns links. An der nächsten Kreuzung mit dreieckiger grüner Verkehrsinsel will uns die Wegweisung nach links oder rechts schicken. Wir fahren hier aber geradeaus in einen asphaltierten landwirtschaftlichen Weg und folgen ihm bis zur nächsten T-Kreuzung. Hier biegen wir links ab Richtung Burgruine Wartenberg, womit wir uns wieder auf dem **R 2** nach Bad Salzschlirf befinden. Schon bald sehen wir die Mauerreste der **Ruine Wartenberg** ⑫ auf einer Erhöhung mitten im Lautertal hinter hohen Bäumen herausschauen. Dort wo der Radweg plötzlich stark ansteigt, befindet sich links bei einem kleinen Parkplatz der Zugang zur Burgruine. Um sie zu erreichen, muss man die sehr niedrige Unterführung unter der Bahnlinie nehmen. Vorsicht, hier unbedingt das Rad schieben. In der Burg wartet zwischen den beeindrucken Ruinen und riesigen Bäumen ein wunderbarer Rastplatz. Auch Toiletten sind vorhanden. Vom offenen Bergfried hat man eine schöne Aussicht über das naturnahe Lautertal.

*Durch den Kurpark von Bad Salzschlirf fließt von Süden kommend die Altefeld, die auf die von Westen heranfließende Lauter trifft. Beide Flüsse vereinigen sich hier in einer Flusshochzeit zur Schlitz, die 13 Kilometer später an der gleichnamigen Stadt vorbei in die Fulda fließt.*

Zurück auf dem Radweg fahren wir durch das hier vollkommen unbewohnte Tal, durch das als einzige Verkehrswege der Radweg und die Bahnlinie führen. Über den **Wiesenweg** erreichen wir die ersten Häuser von **Bad Salzschlirf** und treffen gleich auf die **Bahnhofstraße.** Wenn wir scharf nach rechts abbiegen, kommen wir direkt zum **Bahnhof,** aber wir wollen der Bahnhofstraße noch etwas geradeaus zum **Kurpark** folgen, wo es einen **Rad- und Wanderrastplatz mit E-Bike Ladestation** mit abschließbaren Schließfächern gibt. An der Ecke Bahnhof- und Lindenstraße sitzt man schön in der **Pizzeria Roma ⑬**, wo man die Tour ausklingen lassen kann. Es lohnt aber auch noch ein Bummel durch die **Lindenstraße** bis zum **Hotel Badehof**, dem früheren Kurhaus mit Trinkhalle, und zurück durch den Kurpark. Um die **Bushaltestelle** des Vulkan-Express zu erreichen, fährt man bis an das Ende der Bahnhofstraße, biegt dort in die **Schlitzer Straße** ab, wo sich bei Hausnummer 38 die Haltestelle befindet.

**Eisenbahnwasserturm Bad Salzschlirf**

254
Wallenrod
Maar
L 3140
L 3161
Heblos
L 3144
Rimlos
Sickendorf
10
11
9
Lauterbach
(Hessen)
12
Schlitz
L 3141
H
Allmenrod
L 3140
Angersbach
Bad
DB
Salzschlirf
13
Brenderwasser
Blitzenrod
L 3163
K 84
L 3142
Lauter
8
Frischborn
Landenhausen
254
Dirlammen
7
6
Rudlos
Müs
K 86
Altefeld
L 3139
5
Rixfeld
Alte Haser
Stockhausen
Herbstein
Blankenau
Lanzenhain
L 3182
275
Schlechtenwegen
Hainzell
Altenschlirf
Altefeld
L 3140
L 3305
4
Ilbeshausen
Schwarza
Steinfurt
L 3168
Hosenfeld
Vaitshain
Grebenhain
K 91
Jossa
Oberwald
3
Crainfeld
Herchen-
hain
K 100
2
Nieder-Moos
L 3178
Bermuthshain
1
P
Nieder-
Mooser-
Teich
Hartmanns-
hain
L 3181
Gunzenau
Hauswurz
L 3010
Ober-
Mooser-
Teich
Ober-Moos
276
Völzberg
Volkartshain
Lichenroth
Freiensteinau

# Alles auf einen Blick

**WIE & WANN:**
**Größtenteils kaum befahrende Straßen und asphaltierte Feldwege, keine nennenswerten Steigungen. Ganzjährig gut befahrbar, schönste Radelzeit von Frühling bis Herbst.**

**HIN & WEG:**
**Auto:** Parkplatz Einstieg Vulkanradweg, Lauterbacher Straße, 36355 Hartmannshain (GPS: 50.47051, 9.27782)
**ÖPNV:** Bf. Bad Salzschlirf (RB), von dort mit Fahrradbus Vulkan-Express VB-90, fährt von Mai bis Oktober an Wochenenden die Strecke Hartmannshain–Lauterbach–Bad Salzschlirf–Schlitz. Für E-Bikes und Gruppen Anmeldung erforderlich

**ESSEN & ENTSPANNEN:**
**Gasthaus Tor zum Vogelsberg** ❶ Lauterbacher Straße 6, 36355 Grebenhain, Tel. (0 66 44) 3 57, www.gasthof-vogelsberg.de

Entspannung ★★★★☆
Genuss ★★★☆☆
Romantik ★★★★☆

**Vogelsberger Hof** ❸ Frankfurter Straße 19 a, 36355 Grebenhain, Tel. (0 66 44) 8 20 66 40, www.vogelsbergerhof.de
**Gasthaus Burg Post** ❻ Eisenbach 5, 36341 Lauterbach, Tel. (0 66 41) 64 41 50
**Zentralstation** ❽ Am Waldschlösschen 1, 36341 Lauterbach, Tel. (0 66 41) 64 54 42, zentralstation-frischborn.de
**Hotel Schubert** ❾ Kanalstraße 12, 36341 Lauterbach, Tel. (0 66 41) 80 14 69 30, www.hotel-schubert.de
**Gastwirtschaft Am Ankerturm** ❿ Am Graben 14, 36341 Lauterbach, Tel. (0 66 41) 6 31 77, www.ankerturm.de
**Café Stöhr** ⓫ Eisenbacher Tor 5, 36341 Lauterbach, Tel. (0 66 41) 6 24 01, www.cafe-stoehr.de
**Pizzeria Roma** ⓭ Lindenstraße 1, 36364 Bad Salzschlirf, Tel. (0 66 48) 12 29, www.roma-bs.de

**ENTDECKEN & ERLEBEN:**
**Rhönblick ❷; Teufelsmühle ❹; Galgen ❺; Schloss Eisenbach ❼; Ruine Wartenberg ⓬**

* 27 Kilometer
* 125 Höhenmeter
* 3 Stunden
* Streckentour

**Blick auf Burghaun mit Barockkirchen**

Wir starten unsere Tour am Parkplatz an der Güterhalle beim Bahnhof **Hünfeld.** Dazu fahren wir auf der **Bahnhofstraße** Richtung Norden, vorbei an einem schicken Fahrradladen mit Werkstatt, dem Busbahnhof und dem Bahnhofsgebäude. An der vorfahrtberechtigten **Gartenstraße** biegen wir nach links auf den Radweg rechts der Fahrbahn ab und folgen ihm geradeaus. Schon an der nächsten Kreuzung können wir scharf rechts in die **Hauptstraße** abbiegen, die uns leicht bergauf für einen Abstecher in die nette kleine **Altstadt** von Hünfeld bringt, die auf einer Hügelkuppe liegt. Wenn wir nach einer Linkskurve die Hauptstraße rechts weiterfahren, treffen wir auf den dreieckigen **Konrad-Adenauer-Platz** ① vor dem mächtigen frisch

# Kegelspiel

## Durch die Kuppenrhön

renovierten Rathaus. Auf dem Kopfsteinpflaster der Piazza haben das **Eiscafé San Marco und Ristorante la Bella Vita** ② ihre Tische und Stühle rausgestellt. Von hier aus lässt sich ein kurzer Bummel durch die beschauliche Fußgängerzone machen und dabei die Altstadt auf dem Hügel umrunden. Auf der höchsten Erhebung ragt neben dem **Konrad-Zuse-Museum** ③ der romanische Kirchturm von **St. Jakobus** ④ in den Himmel.

Wir fahren die **Hauptstraße** wieder hinunter und an der Kreuzung, von der wir für den Abstecher abgebogen sind, noch 1,5 Kilometer geradeaus weiter, zunächst die Straße **Niedertor** und danach die **Hersfelder Straße** entlang. Noch bevor wir schließlich rechts abbiegen, werden wir auf die alte Bahntrasse geleitet, die

*Der Viadukt Klausmarbach, der auf 120 Metern Länge ein Tal überspannt, wurde 1906 für die Eisenbahnstrecke Hünfeld–Wenigentaft gebaut. In den 1930er-Jahren gab es Pläne, die Bahnlinie zweigleisig auszubauen, weshalb die Brücke verbreitert wurde.*

alleeartig von Bäumen gesäumt noch gut 500 Meter an der Hersfelder Straße weiterführt. Da sich die Bahntrasse hier im Gewerbegebiet kurzzeitig verliert, müssen wir an der nächsten Abzweigung die **Wellastraße** noch überqueren und auf der gegenüberliegenden Straßenseite auf dem Radweg rechts Richtung **Wenigentaft** abbiegen. Nach einer Linkskurve befinden wir uns wieder auf der Bahntrasse, auf der wir nun bleiben und nach und nach leicht ansteigend Hünfeld verlassen. Nach 2 Kilometern treffen wir am ehemaligen **Ostbahnhof von Burghaun** auf einen abgestellten Eisenbahnwagon und den mit alten Signalen garnierten **Biergarten Die Bimbel** 5, eine von nur zwei Einkehrmöglichkeiten an der ehemaligen Bahntrasse. Ein Stückchen weiter bietet sich plötzlich ein schöner Blick auf das unter uns liegende Städtchen **Burghaun** mit seinen beiden **Barockkirchen** 6 mitten im Ort. Dahinter sieht man etwas schüchtern ein paar Fachwerkhäuser herausschauen.

**Der Konrad-Adenauer-Platz in Hünfeld**

Ausflugslokal Die Bimbel an der ehemaligen Haltestelle Burghaun Ost

## Für die Seele

Gemütlich über einen Viadukt und durch Wälder die Höhen des Hessischen Kegelspiels erreichen, beeindruckt den Blick über die einzigartige Landschaft schweifen lassen.

Nach weniger als 2 Kilometern tut sich ein bewaldetes Tal vor uns auf, das wir auf dem breiten **Viadukt Klausmarbach** **7** überqueren. Einige Picknickbänke bieten Möglichkeiten, in luftiger Höhe zu rasten. Auf jeden Fall sollten wir einen bewundernden Blick über die Brüstung wagen, um das 32 Meter hohe Bauwerk mit fünf Bögen angemessen zu würdigen.

Auf der gegenüberliegenden Talseite führt der Weg weiter durch einen Einschnitt in bewaldetes Gelände. Nachdem wir wieder aus dem Wald auftauchen, kommen wir zum **Grillplatz Steinbach** **8**, einem Rastplatz für Selbstversorger in ruhiger Lage. Hier bieten Picknickbänke, Grills, eine Schutzhütte, Toiletten und eine E-Bike-Ladestation perfekte Infrastruktur für eine

Eisenbahnviadukt
Klausmarbach

ausgedehnte Rast. Wer sich doch lieber bei der Jause bedienen lassen will, findet schon 1,3 Kilometer weiter im restaurierten Fachwerkbahnhof von Steinbach im **Café Alter Bahnhof** 9 an den Nachmittagen von donnerstags bis sonntags eine zauberhaft gediegene Einkehrmöglichkeit. Nach 600 Metern verlässt der Radweg die Bahntrasse nach rechts. Während diese in einem künstlichen Einschnitt bequem den nächsten Hügel durchquert, müssen wir den Hügel hinaufstrampeln. Das wird uns auf dem Kegelspiel-Radweg noch einige Male passieren. Wir trösten uns damit, dass sich die ungenutzten Abschnitte der Bahntrasse in ein prächtiges unberührtes Biotop verwandeln konnten und wir dafür von den erklommenen Höhen die Aussicht auf die Landschaft genießen können – ohne dass uns Hecken die Sicht versperren. So ähnlich müssen es sich die Planer gedacht haben.

*Das Hessische Kegelspiel ist eine relativ flache Region im Nordwesten der Rhön mit einem knappen Dutzend beeindruckender kegelförmiger Vulkanberge. Einer alten Sage nach betrieben hier Riesen eine Kegelbahn.*

Tatsächlich tauchen vor uns die ersten beiden kegelförmigen Vulkanberge auf, die zur Namensgebung der Region und somit auch des Kegelspiel-Radwegs beige-

**Blick auf Leimbach vom Kegelspiel-Radweg**

**Landschaft am Kegelspiel-Radweg**

tragen haben. Bei Leimbach verlassen wir die Trasse kurz nach links hinauf. Die kleine Umfahrung lohnt sich aber wegen des schönen Blicks auf die Landschaft, den Ort Leimbach mit Kirche direkt unter uns und Eiterbach in der Ferne. Um die Aussicht besser genießen zu können, hat man hier für uns Radler zwei Bänke aufgestellt. Beim Bahngelände von **Leibolz**, das immerhin eine Schutzhütte hat, überqueren wir eine Straße und fahren danach ganz offensichtlich ein Stück links der alten Bahntrasse entlang. Ungefähr hier haben wir den höchsten Punkt der Tour erreicht. Nun geht es vorwiegend wieder bergab, wobei wir bei der Fahrt durch das Tal der Taft immer mehr Kegel sehen, die die Landschaft zieren. In **Großentaft** bietet das großzügige Bahngelände wieder eine Rastmöglichkeit mit Schutzhütte. Hinter dem schön renovierten und mit einem alten Eisenbahnwaggon verzierten privat genutzten Bahnhofsgebäude ragt die barocke Dorfkirche auf.

Wir fahren weiter auf dem Radweg durch das Taftal, mal auf und mal direkt neben der Trasse und erreichen schließlich den ehemaligen Bahnhof von **Treisch-**

**feld,** der heute gewerblich genutzt und umfahren wird. Danach führt der Weg weiter auf oder in unmittelbarer Nähe der Bahntrasse. Langsam wird das Tal enger und liegt da wie verzaubert. Um die Idylle perfekt zu machen, schmiegt sich das kleine Fachwerkensemble der **Buchenmühle** ⑩ romantisch an den Waldrand. Vor über 30 Jahren war dieser Ort weit weniger idyllisch, da die Grenze zwischen DDR und BRD direkt vor der Haustür vorbeilief. Der Brunnen und das Auszugshaus lagen jenseits der Grenze und wurden von den DDR-Truppen abgerissen.

Nach 1 Kilometer überfahren wir die Grenze nach Thüringen, wo der Radweg auf der Bahntrasse endgültig endet und wir links hinunter zu einer Schutzhütte an einer Wegkreuzung geleitet werden. Wir biegen rechts ab in nordöstlicher Richtung und erreichen bald über den **Gänseweg** Wenigentaft. Wir folgen dem Verlauf der Straße, überqueren in der Dorfmitte die Taft

**Die Buchenmühle bei Wenigentaft**

und biegen nach der Kirche an der nächsten Straße vor der Feuerwehr rechts ab auf den Mühlenweg. Wir überqueren die vorfahrtberechtigte **Buttlarer Straße** schräg nach links, wo wir auf einem geschotterten Weg 180 Meter weiterfahren. Dort trifft der Feldweg auf den Ulstertal-Radweg, auf den wir links abbiegen und nach 30 Metern den Rastplatz und Wanderparkplatz beim **Bahnhof Wenigentaft** ⑪ erreichen, wo unsere Radtour endet. Auf den aufgestellten Infotafeln erkennen wir, dass sich hier ein regelrechter Eisenbahnknotenpunkt befand, an dem die Bahnlinie Hünfeld–Wenigentaft-Mansbach in die Gleisanlage der Ulstertalbahn mündete und wo auch eine Stichbahn ins nur 10 Kilometer entfernte Oechsen startete. Die kleine Infotafel „Audiotour Grenzerlebnis auf dem Ulstertal-Radweg“ zeigt einen QR-Code, über den wir uns in einem Podcast Interessantes über den Knotenpunkt Wenigentaft und Trauriges über das Leben in der Sperrzone zu DDR-Zeiten anhören können.

*Von Wenigentaft aus kann man auf dem Ulstertal-Radweg durch das idyllische und einsame Flusstal Richtung Norden rund 10 Kilometer nach Philippsthal fahren. Der Weg verläuft großenteils auf der ehemaligen Bahntrasse der Ulstertal-Bahn.*

Kirche Wenigentaft

# Bahnstrecke Hünfeld–Wenigentaft-Mansbach

Die Bahnstrecke von Hünfeld nach Wenigentaft wurde nach fünfjähriger Bauzeit als eingleisige Nebenbahn errichtet und Ende 1906 eingeweiht. Im Volksmund hatte sie den Namen Die Bimbel, da sie sich mit ständigem Gebimmel an Bahnübergängen und Haltestellen ankündigte. Die Strecke verband mit der der Bahnlinie Bebra–Fulda und der Ulstertalbahn die beiden Länder Hessen mit Thüringen. Um die Linie Halle–Erfurt–Bebra zu entlasten, plante man in den 1930er-Jahren den zweigleisgen Ausbau der Strecke. Die Brücken und die Trasse waren bereits zu großen Teilen ausgebaut, als während des Kriegs die Arbeiten 1942 eingestellt wurden. Durch die deutsche Teilung nach dem Zweiten Weltkrieg endete der Bahnverkehr in Treischfeld, da der Abschnitt nach Wenigentaft über die innerdeutsche Grenze stillgelegt wurde. Bis 1972 fuhren noch Personenzüge auf der verbliebenen Strecke. Ende 1991 wurde dann auch der Güterverkehr eingestellt und 1995 die Gleise abgebaut. 2007 wurde schließlich der Radweg eröffnet.

Ufhausen
Unterufhausen
Arzell
Eiterfeld
Soisdorf
Wenigen-
taft
Dittlofrod
Oberstoppel
Körnbach
Leimbach
Leibolz
Treischfeld
Buttlar
Großentaft
Grüsselbach
Steinbach
Malges
Borsch
Rothen-
kirchen
Stendorf
Rasdorf
Geisa
Roßbach
Kirchhasel
HESSEN
THÜRINGEN
Burghaun
Hünhan
Großenbach
Haselstein
Geismar
Hünfeld
Sargenzell
Molzbach
Rasdorfer Straße
Ulster
Taft
Leimbach
Steinbach
Haune
Hasel
L 3171
L 3380
L 3170
K 147
L 3173
K 102A
K 102
K 159
K 150
K 145
K 149
L 3433
K 141
K 121
K 122
K 124
L 1026
L 2603
84
27
278
DB
P

## Alles auf einen Blick

**WIE & WANN:**

**Rad- und asphaltierte Feldwege, durchgehend lange sanfte Steigung bis etwa zur Tourmitte, danach leichtes Gefälle, zwischendurch mehrere kurze Steigungen. Kaum Einkehrmöglichkeiten. Ganzjährig gut befahrbar, beste Radelzeit von Frühling bis Herbst.**

**HIN & WEG:**

**Auto:** Parkplatz an der Güterhalle (nur für Pkw), Bahnhofstraße, 36088 Hünfeld (GPS: 50.67113, 9.76346), alternativer Parkplatz Kegelspiel-Radweg, Wellastraße 19, 36088 Hünfeld (GPS: 50.69107, 9.75475)
**ÖPNV:** Bf. Hünfeld (RB, ICE), kein Fahrradbus

**ESSEN & ENTSPANNEN:**

**Eiscafé San Marco und Ristorante la Bella Vita** ❷ Konrad-Adenauer-Platz 2, 36088 Hünfeld, Tel. (0 66 52) 7 47 70 44, www.ristorante-labellavita.de

Entspannung ✸✸✸✸✸
Genuss ✸✸
Romantik ✸✸✸✸

**Biergarten Die Bimbel** ❺ 36151 Burghaun, Tel. (01 70) 4 85 35 27
**Café Alter Bahnhof** ❾ Raiffeisenstraße 17, 36151 Steinbach, Tel. (01 60) 4 35 03 64

**ENTDECKEN & ERLEBEN:**

**Konrad-Adenauer-Platz** ❶
**Konrad-Zuse-Museum** ❸
**St. Jakobus** ❹
**Barockkirchen** ❻
**Viadukt Klausmarbach** ❼
**Grillplatz Steinbach** ❽
**Buchenmühle** ❿
**Bahnhof Wenigentaft** ⓫

- 26 Kilometer
- 135 Höhenmeter
- 3 bis 4 Stunden
- Streckentour

**Ehemaliger Bahnhof Sachsenhausen**

Vom Parkplatz Radknoten Korbach am Beginn des Bahntrassenradwegs Ederseebahn erreicht man auch die Altstadt von Korbach schnell und einfach. Dazu fährt man den Radweg in nördlicher Richtung bis zum Kreisverkehr und dort geradeaus weiter über die Wildunger Landstraße bis zum historischen Zentrum. Hier kommt man am **Hotel Restaurant Am Dalwigker Tor** ❶ vorbei, bevor man auf den Altstädter Marktplatz trifft mit dem **Hotel Restaurant Zur Waage** in einem großen Fachwerkhaus. Schräg gegenüber liegt das **Museum** ❷ in einem preisgekrönten Ensemble aus historischer Bausubstanz und moderner Architektur. Dahinter ragt die älteste Kirche Korbachs auf, die gotische **Hallenkirche St. Kilian** aus dem 14. Jahrhundert. Etwas

# Kulturreich

## Von Korbach Richtung Edersee

weiter die Stechbahn hinauf befindet sich das **Rathaus,** das im 14. Jahrhundert an der damaligen Grenze zwischen Alt- und Neustadt errichtet wurde, um beide Stadtteile zu vereinigen. Die **Nikolaikirche** wurde ebenfalls im 14. Jahrhundert in der Neustadt errichtet und der **Wollweberturm,** in dem heute das **Restaurant Mykonos** ❸ zauberhaftes Ambiente verströmt, war einst Teil der Stadtbefestigung. Am weiteren Verlauf der **Stadtmauer** Richtung Süden zieht sich der ehemalige **Alte Friedhof** als Parkanlage entlang, wo man auch auf den ebenfalls zur Stadtbefestigung gehörenden **Tylenturm** aus dem späten 13. Jahrhundert trifft. Folgt man der Grünanlage weiter bis zum **Enser Tor** und geht dort Richtung Altstadtmitte, trifft man bald wieder auf den

*Korbach ist eine der südlichsten Hansestädte und Hessens einzige. 1188 erhielt sie Stadtrechte und ist ab 1469 Mitglied im Hansebund. Die Korbacher Kaufleute handelten mit Tuchen, Fellen, Bier und Gold.*

Das Restaurant Am Dalwigker Tor in der Altstadt von Korbach

Altstädter Marktplatz. Von hier aus verlässt man am besten über denselben Weg, wie man gekommen ist, die Altstadt.

Den Start des Bahntrassenradwegs ziert eine alte Rangierlok. Der Weg läuft noch ein Stückchen parallel zur rechts von uns verlaufenden Bahnlinie Korbach–Frankenberg (Eder) und entfernt sich dann von ihr in einem weiten Linksbogen. Der Weg steigt leicht an und bringt uns zum **Meineringhäuser Tunnel** ❹, hinter dem es in die Korbacher Ebene geht. Die Trasse verläuft hier leicht erhöht und bietet uns eine unglaubliche Fernsicht in beide Richtungen. Bei **Meineringshausen** ziert eine alte Straßenwalze den ehemaligen Bahnübergang.

Weiter geht es durch eine gefällige sanft hügelige Landschaft. Um der Eisenbahn eine Trasse ohne Steigungen und Gefälle zu verschaffen, wurden mit dem Material, das in den künstlichen Taleinschnitten anfiel, die Senken im Gelände zu Bahndämmen aufgefüllt, die uns heute immer wieder schöne Ausblicke in die Region ermöglichen. Um **Höringhausen** beschreibt die Bahntrasse eine relativ starke Rechtskurve. Danach führt der Weg Richtung Süden, was uns an offenen Stellen einen Blick nach rechts in Richtung Westen ermöglicht, wo wir in weiter Ferne die höchsten Berge des Sauerlands ausmachen. Auf einer Brücke überqueren wir am Ortsrand von Höringhausen die Hauptstraße und sehen rechts unten die **Alte Molkerei** 5 liegen, ein modernes Bistro, Imbiss und Pizzeria mit Außenbestuhlung, wo man gut essen kann. Dorthin gelangt man entweder zu Fuß über die Diensttreppe an der Brücke, was eigentlich nicht erlaubt ist, oder man verlässt die Bahntrasse an der

## Für die Seele

Von Altstadtromantik durch liebliche Landschaft radeln, ein romanisches Kleinod entdecken und vom Märchenschloss auf blaue Wasser und grüne Wälder blicken.

**Im Tunnel auf dem Ederseebahn-Radweg**

nächsten Kreuzung in 650 Metern nach links, um von dort über die Landstraße wieder zurückzufahren. Man kann aber auch einfach weiter bis nach Sachsenhausen fahren, wo der Landgasthof Kleppe am Radweg problemloser zu erreichen ist. Kurz vor Sachsenhausen unterqueren wir aber zunächst durch einen kleinen Tunnel die **B 485.** Nach 1 Kilometer treffen wir auf die querende **Freienhagener Straße,** über die man nach rechts den historischen Ortskern von **Sachsenhausen** erreicht. Der alleine lohnt nicht unbedingt. Aber für Fans von mittelalterlichen Kirchen mit altem Inventar und romantischer Atmosphäre lohnt der Abstecher zur **Kirche St. Nikolaus** 6 aus dem 13. Jahrhundert. Weiter auf der Bahntrasse sieht man gleich links einen kleinen jüdischen Friedhof. Bald danach erscheint rechts am Weg der **Landgasthof Kleppe** 7.

Etwas später folgt ein längerer gerader Abschnitt, der auf ein bauliches Highlight der Bahntrasse zuführt, den **Selbacher Viadukt** 8. Da man ihn nicht sieht, wenn man ihn überquert, lohnt sich für Interessierte und Fotografen kurz vorher ein Abstecher nach rechts auf einen rustikalen Feldweg, der nach gut 300 Metern zu einem Gehöft führt, von dem aus man einen guten Blick auf das beeindruckende Bauwerk hat. Es überspannt mit 193 Metern Länge und 28 Metern Höhe auf sieben Bögen das Tal. Nach der Überquerung erreichen wir nach gerader Strecke den **Netzer Bahnhof – Das Pfannkuchenhaus 9**. Schöner hätte man den Bahnhof kaum sanieren können. Innen stimmungsvolles Fachwerk, draußen sitzt man in bequemen Sesseln auf grünem Rasen. Und die Speisekarte bietet, was die niederländische Küche am besten kann: süße und herzhafte Pfannkuchen.

Wenig später beschreibt die Bahntrasse einen Bogen um den Ort **Netze.** Rechts lockt uns hier ein holzgeschnitztes Schild zu einem Hof, der eigene Ahle Wurst verkauft. Wer diese hessische Spezialität als Mitbringsel mag, sollte ihm folgen und beim Bauernhof klin-

**Kirche St. Nikolaus in Sachsenhausen**

Eisenbahnviadukt Reiherbachtalbrücke

*Das **Kloster Marienthal** wurde als Zisterzienserinnenkloster 1228 in Netze gegründet. Zuvor erbauten die Schwalenberger Grafen Anfang des 12. Jahrhunderts eine romanische Kirche, deren Turm heute noch das später erbaute gotische Kirchenschiff ziert.*

geln. Ein kurzes Stück weiter überqueren wir auf einem kleinen **Viadukt** eine Landstraße am Ortsrand von Netze. Von hier oben hat man einen herrlichen Blick über die Dächer des netten Dorfs, hinter denen ein romanischer Kirchturm herausschaut. Der gehört zur einer ehemaligen **Klosterkirche Marienthal** ⑩ und kann als echter Geheimtipp betrachtet werden. Im Dorf weisen noch nicht einmal touristische Hinweisschilder zu diesem einmaligen romanischen Baudenkmal. Um dorthin zu gelangen, verlassen wir an einem geschotterten Parkplatz den Radweg, überqueren den Platz und folgen den grünen Wegweisern mit der Beschriftung „evangelische Kirche“, womit die Klosterkirche gemeint ist. Wir brauchen nur eine der Telefonnummern, die an der Kirchentür angebracht sind, anzurufen und bekommen eine spannende ausführliche Führung inklusive Besteigung des Turms, in dem die älteste noch geläutete Glocke Deutschlands hängt. Im behutsam renovierten Kirchenschiff hängt ein wunderschöner gotischer Flügelaltar von 1370. In der anschließenden

In der Klosterkirche Marienthal

Blick auf den Edersee

Grabkapelle sind die Waldecker Grafen unter prächtigen Grabmälern seit 1344 bestattet.

Zurück auf der Bahntrasse geht es nun stets leicht bergab, in der Ferne vor uns liegt Waldeck auf einem Hügel. Nach 3 Kilometern entspannter Fahrt erreichen wir eine Vorfahrtstraße. Hier müssen wir rechts abbiegen, um in recht steiler Bergfahrt in 2 Kilometern **Schloss Waldeck** 11 zu erreichen. Das lohnt sich bei entsprechendem Wetter auf jeden Fall. Die Aussicht von der kostenlos zugänglichen Schlossterrasse ist spektakulär. Man blickt auf den Edersee und die bewaldeten Berge des Naturparks Kellerwald-Edersee mit dem gleichnamigen Nationalpark. Zurück auf der Bahntrasse geht es weiter mit leichtem Gefälle durch einen schönen Buchenwald. Nach 3 Kilometern berauschender Talfahrt endet diese schlagartig an einer Sperre kurz vor dem **Bahnhof Buhlen.** Eine Brücke über die Straße fehlt. Aber der Radweg auf der Bahntrasse endet hier ohnehin, da im weiteren Verlauf der Trasse noch die Schienen liegen. Von der Bushaltestelle kann man mit der Buslinie 503 über Waldeck, wo man in die Linie 510 umsteigt, zurück nach **Korbach** fahren.

## Ederseebahn

Die Ederseebahn führte ursprünglich als eingleisige Nebenbahn von Wabern über Fritzlar, Bad Wildungen, Korbach und Willingen nach Brilon-Wald im Sauerland. Der Abschnitt von Wabern bis Bad Wildungen, der 1884 eröffnet wurde, wird heute noch bedient, ebenso der nördliche von Korbach Süd bis Brilon-Wald, der Uplandbahn genannt wird. 1909 bis 1917 wurden abschnittsweise die restlichen Strecken fertiggestellt. Aufgrund sanierungsbedürftiger Brückenbauwerke wurde der Abschnitt zwischen Korbach und Giflitz stillgelegt. Mit dem Abbau der Schienen und der Sanierung der Brücken begann ab 2008 der Bau des Radwegs, der im September 2012 fertiggestellt wurde.

Korbach
Freienhagen
Höring-
hausen
Meineringhausen
Sachsen-
hausen
Alraft
Dorfitter
Obernburg
Ober-Werbe
Marienhagen
Nieder-Werbe
Netze
Waldeck
Bahnhofstraße
Vöhl
Basdorf
Herzhausen
Harbshausen
Scheid
Rehbach
Edersee
Bringhausen
Buhlen
Südring
Wildunger Landstraße
Werbe
Itter
Klingebach
Reiherbach
Eder
Edersee
L 3083
L 3118
L 3200
L 3084
L 3086
L 3388
L 3215
K 17
K 19
K 20
K 25
K 27
K 29
K 34
K 53
251
252
485
DB
P
H

# Alles auf einen Blick

**WIE & WANN:**
**Durchgehend breiter und sehr gut asphaltierter Radweg auf der Bahntrasse, geringe Steigungen. Abstecher zur Burg Waldeck 100 Meter Steigung auf 2 Kilometer. Ganzjährig gut befahrbar, beste Radelzeit von Frühling bis Herbst.**

**HIN & WEG:**
**Auto:** Parkplatz Radknoten Korbach (für Pkw und Wohnmobile), Wildunger Landstraße 40, 34497 Korbach (GPS: 51.2644, 8.88393)
**ÖPNV:** Bf. Korbach Süd (RB), Fahrradbus NVV-Linien 503 und 510 entlang der Strecke, täglich von April bis Oktober (vorbestellen unter Tel. (08 00) 9 39 08 00)

**ESSEN & ENTSPANNEN:**
**Hotel Restaurant Am Dalwigker Tor** ❶ Dalwigker Straße 9, 34497 Korbach, Tel. (0 56 31) 6 29 15, www.amdalwigkertor.de

Entspannung ★★★★★
Genuss ★★★☆☆
Romantik ★★★☆☆

**Restaurant Mykonos** ❸ Hagenstraße 3, 34497 Korbach, Tel. (0 56 31) 78 25
**Alte Molkerei** ❺ Hauptstraße 52, 34513 Waldeck, Tel. (0 56 34) 9 93 03 46, www.alte-molkerei.hoeringhausen.de
**Landgasthof Kleppe** ❼ Kornhausstraße 1, 34513 Waldeck, Tel. (0 56 34) 3 61
**Netzer Bahnhof – Das Pfannkuchenhaus** ❾ Edertalstraße 3, 34513 Netze, Tel. (0 56 34) 99 48 84, www.pfannkuchenhaus-netze.de

**ENTDECKEN & ERLEBEN:**
**Museum** ❷ Kirchplatz, 34497 Korbach, Tel. (0 56 31) 5 32 89, www.museum-korbach.de
**Meineringhäuser Tunnel** ❹
**Kirche St. Nikolaus** ❻
**Selbacher Viadukt** ❽
**Klosterkirche Marienthal** ❿
**Schloss Waldeck** ⓫

* 27 Kilometer
* 370 Höhenmeter
* 4 Stunden
* Streckentour

**Der Petrusbrunnen in Hallenberg**

Wir starten unsere Radtour vom **Parkplatz am Bürgerhaus** von Allendorf (Eder), in dem sich auch das **Bürgerhaus Restaurant Arka** ① mit einem Biergarten befindet, in das wir nach unserer Rückkehr gut einkehren können. Wir radeln in östlicher Richtung bis zur vorfahrtberechtigten **Schulstraße,** biegen dort links ab und folgen der Straße, bis sie links abknickt. Dort fahren wir geradeaus auf dem Radweg weiter. Ab hier sind wir nun auf der alten Bahntrasse unterwegs. Während links von uns der Verkehr auf der **B 236** rauscht, blicken wir rechts auf das beschauliche **Linspherbachtal,** durch das wir die nächsten 7 Kilometer fahren werden. Der Weg führt abwechselnd durch schönen Wald und Talauen und entfernt sich dabei

*Anstatt über den Bahnhof Frankenberg (Eder) mit der Bahn anzureisen, kann man alternativ den Bahnhof in Winterberg für die Anreise nutzen und die beschriebene Tour bergab in die entgegengesetzte Richtung fahren.*

# In die Berge

## Vom Edertal ins Sauerland

immer wieder etwas von der Bundesstraße. Die Trasse, die wir an den ehemaligen Haltestellen der Bahn gelegentlich kurz verlassen müssen, hält am Wegesrand einige kleine Rastplätze mit Infotafeln bereit. An einem **Parkplatz** an der B 236 müssen wir den Schildern nach rechts folgen und durchqueren dann das Tal. An der nächsten Möglichkeit machen wir einen U-Turn nach links auf einen asphaltierten Rad- und Fußweg, der ein gutes Stück bergauf und bergab auf der rechten Talseite verläuft. Nach 1.400 Metern kommen wir zu einer Gabelung, an der ein Weg geradeaus hinunter zur Bundesstraße und unser Radweg rechts kurz steil bergauf führt. Hier steht eine Infotafel, auf der wir etwas über den **Bromskirchener Eisenbahnviadukt** ② lesen können. Wenn man den linken Weg 50 Meter hinunter zur Bundesstraße fährt, erhält man einen guten Blick auf das Bauwerk. Der Viadukt führt dort über das Linspherbachtal, das hier nach Westen abknickt. Das Gebäude unter der Brücke war früher einmal eine Mühle. Einen schönen Standpunkt für ein Foto des Viadukts erreicht man vom Weg links des Hofs hinter dem Viadukt.

Zurück auf dem Radweg setzen wir die Fahrt fort und werden bald direkt an die Bundesstraße geleitet, an der wir noch 500 Meter entlangfahren, bis wir nach rechts in den 315 Meter langen beleuchteten **Bromskirchener Eisenbahntunnel** **3** abbiegen können. Wie die meisten Bahntrassentunnel ist auch er im Winter zum Schutz der Fledermäuse gesperrt. Nach der Tunnelausfahrt geht es leicht bergab. Nach rechts haben wir einen schönen Blick auf die hügelige Landschaft Nordhessens, während wir vor uns schon die Berge des Sauerlands sehen. 700 Meter hinter dem nördlichen

**Bromskirchener Eisenbahnviadukt**

Im Ortskern von Hallenberg

## Für die Seele

Vom flachen Edertal fahren wir entspannt immer höher in die einsame bewaldete Bergwelt des Sauerlands zu seinen höchsten Erhebungen.

Tunnelportal erreichen wir die **Landesgrenze nach Nordrhein-Westfalen** **4**, was man nicht erkennen kann, außer man blickt auf die Karte. Nach links zweigt hier ein Weg nach Bromskirchen ab, dem letzten hessischen Ort. Wir fahren geradeaus. Die leichte Talfahrt endet auf der Bahntrasse vor einem Brückenkopf ohne Brücke, wo wir nach links weiterfahren. Nach 150 Metern treffen wir auf die **B 236** am Ortsrand von Hallenberg, an der wir dem Radweg folgen. Die Abzweigung bei einem Rewe lassen wir liegen und radeln weiter geradeaus. An der nächsten Gabelung zeigen die Wegweiser nach rechts, was wir aber ignorieren, da wir durch den historischen **Ortskern von Hallenberg** **5** fahren wollen. Dazu überqueren wir die Bundesstraße am besten auf dem Fußgängerüberweg mit Ampel und fahren die kurze steile **Petrusstraße** bergauf direkt auf die Kirche zu. Hier erkennen wir an den schön sanierten Häusern mit schwarzweißem Fachwerk und schieferverkleideten Fassaden sofort den typisch sauerländischen Baustil. Auch wenn in der Landschaft nichts auf eine Grenze hindeutet, hier merken wir, dass wir in einer anderen Kulturlandschaft sind. Oben auf dem Hügel befand sich im 13. Jahrhundert eine Festung. Heute ziehen sich schmale verwinkelte Gassen über den Berg, gekrönt vom **Marktplatz** mit schönem Brunnen und der **Pfarrkirche St. Heribert,** die im Innern mit prächtiger Barockausstattung und Renaissanceausmalung strahlt. Hallenberg ist die kleinste westfälische Stadt und die zweitkleinste in Nordrhein-Westfalen.

Wir verlassen den **Marktplatz** auf der gegenüberliegenden Seite über die bergabführende **Kirchstraße.** Die Hauptverkehrsstraße überqueren wir am besten an der Fußgängerampel, halten uns ein paar Meter links und biegen dann die kleine **Mühlenstraße** rechts hinunter und folgen dabei dem Wegweiser zum Parkplatz Hotel Dietrich. Nach 60 Metern machen wir einen U-Turn nach links in eine Sackgasse, die kurz, aber extrem steil nach unten geht, überqueren einen Mühlkanal und treffen auf den offiziellen Radweg – den **Mühlenweg.** Diesem folgen wir nach links entlang des romantischen Mühlkanals und biegen nach gut 300 Metern rechts auf die **Bahnhofstraße** ab. An der folgenden abknickenden Vorfahrtsstraße fahren wir links in ein Industriegebiet, an dessen Ende wir auf einem asphaltierten Radweg an einem steilen Berghang weiterradeln. Zurück auf der alten Bahntrasse tauchen wir nun endlich in das Rothaargebirge mit seinen hohen Bergen und engen Tälern ein. Wir treffen wieder auf die **B 236,** die wir hier überqueren müssen. Sie führt wie unser Radweg nach Winterberg, wobei der sich immer weiter von der im Tal verlaufenden Straße entfernen wird. Doch zunächst schlängeln sich bis Züschen beide Verkehrswege durch das gewundene unbewohnte Tal der **Nuhne.** Mehrmals treffen wir auf kleine Bäche, die von links durch ein Seitental auf das Nuhnetal treffen. Das Tal wird zunehmend enger und die bewaldeten Berghänge rücken weiter zusammen. Uns fällt auf, dass der Anteil an Nadelbäumen hier recht hoch ist. Offensichtlich ein gefundenes Fressen für die Borkenkäfer, denen hier schon ganze Gebiete zum Opfer gefallen sind.

Noch bevor wir den nächsten Ort erreichen, sehen wir kleine Industriebetriebe am Fluss liegen, die hier aufgrund der ursprünglich genutzten Wasserkraft entstanden sind. Nun tauchen langsam die schwarzen schiefergedeckten Dächer von **Züschen** vor uns auf, das am Zusammenfluss von Ahre und Sonneborn liegt, die von hier als Nuhne weiter talabwärts fließen. Von der Bahntrasse blicken wir nach rechts auf das Städtchen, das recht malerisch von einer neugotischen Kirche überragt wird, die auf einer Kuppe steht. Wir können

Die Nuhne nördlich von Hallenberg

Blick auf Züschen

einen Abstecher hinunter nach **Züschen** mit seinen weiß getünchten Häusern unter den schwarzen Dächern machen. Vorbei an einer historischen Fachwerkscheune führt rechts ein Weg hinunter in den alten Ortskern, wo man im **Hotel-Restaurant Zum Dorfkrug** 6 mit nettem rustikalem Biergarten auch mittags einkehren kann. Für die Weiterfahrt auf der Bahntrasse müssen wir die **Mollseifener Straße** überqueren. Hier stand früher eine Brücke, auf der die Züge in den gegenüberliegenden Taleinschnitt fuhren. Da sie abgerissen wurde, müssen wir gegenüber in die Sackgasse fahren und sofort nach wenigen Metern scharf rechts auf den Radweg abbiegen. Dieser macht nach wenigen Metern eine Linkskurve, ab der wir uns wieder auf der Bahntrasse befinden und am linken Hang des **Sonneborntals** weiterfahren. Von einem Picknickplatz hat man einen sehr schönen Ausblick auf Züschen. Wir gewinnen immer mehr an Höhe und entfernen uns immer weiter von der Bundesstraße unten im Tal.

Auf unserer Fahrt hinauf nach Winterberg durch die einsame bewaldete Bergwelt kreuzen wir immer wieder idyllische Seitentäler. Kurz vor Winterberg queren wir das Sonnborntal, das hier nach Westen abknickt. Den gegenüberliegenden Bergrücken durchquerte einst ein Tunnel, der beim Ausbau der Bundestraße mit Abraum verfüllt wurde. Wir müssen deshalb den Berg rechts umrunden. Zurück auf dem Bahndamm erstreckt sich links von uns hinter einem kleinen Stausee das **Silbecketal,** dessen einstige Idylle dem Charme eines Skigebiets weichen musste. Der Sessellift ist auch im Sommer in Betrieb und bringt Downhill-Biker auf den Berg, um sich von dort mit für uns unüberhörbarem lauten Jauchzen talwärts zu stürzen.

Unser Weg taucht wieder in stillen Wald ein und verlässt vor Erreichen der ersten Häuser von Winterberg kaum sichtbar die alte Bahntrasse. Wir merken es nur am steileren Anstieg des Wegs, den die Eisenbahn nicht geschafft hätte. Aber schon bald geht der Radweg

*Winterberg wurde im 18. Jahrhundert von zwei verheerenden Stadtbränden heimgesucht. 1791 blieben nur sieben Häuser verschont. Der Wiederaufbau bescherte der Stadt für die damalige Zeit außergewöhnlich breite Straßen zum Brandschutz.*

Winterberg liegt im Hochsauerland im Nordosten des Rothaargebirges auf 686 Metern Höhe auf der Winterberger Hochfläche. Dank des Baus der Eisenbahnstrecke 1906 und des beginnenden Wintersports wuchs die Stadt kontinuierlich.

in die **Günninghauser Straße** am Stadtrand von **Winterberg** über. Wir treffen auf eine Vorfahrtstraße, fahren hier bis zur nächsten Kreuzung geradeaus weiter und biegen rechts ab in die Touristenmeile **Am Waltenberg.** Hier reihen sich Cafés, Restaurants, Sportläden und andere Geschäfte bis zum Marktplatz aneinander, auf dem Tische und Stühle zahlreicher Lokale stehen und Urlaubsatmosphäre verbreiten.

Geht man vom Marktplatz schräg links in die **Hellenstraße**, kommt man zum **Kaffeehaus Winterberg** 7. Das Haus vom Typ niederdeutsches Hallenhaus stammt aus dem Jahr 1791. Ein Stück weiter in diese Richtung befindet sich rund um die **Kirche St. Jakobus** 8 das alte Zentrum der Kleinstadt, die um das Jahr 1300 gegründet worden ist. Die ursprünglich aus dem Mittelalter stammende Kirche wurde nach mehreren Bränden immer wieder neu aufgebaut, zuletzt 1791 – innen erblickt man den Stil des ausgehenden Barocks.

**In Winterberg**

# Bahnstrecke Nuttlar–Frankenberg

Die Ederseebahn führte ursprünglich als eingleisige Nebenbahn von Wabern über Fritzlar, Bad Wildungen, Korbach und Willingen nach Brilon-Wald im Sauerland. Der Abschnitt von Wabern bis Bad Wildungen, der 1884 eröffnet wurde, wird heute noch bedient, ebenso der nördliche von Korbach Süd bis Brilon-Wald, der Uplandbahn genannt wird. 1909 bis 1917 wurden abschnittsweise die restlichen Strecken fertiggestellt. Aufgrund sanierungsbedürftiger Brückenbauwerke wurde der Abschnitt zwischen Korbach und Giflitz stillgelegt. Mit dem Abbau der Schienen und der Sanierung der Brücken begann ab 2008 der Bau des Radwegs, der im September 2012 fertiggestellt wurde.

DB
K 50
H
8
7
Winterberg
480
Elkeringhausen
Medebach
Orke
K 56
Sonneborn
Medelon
Mollseifen
Züschen
6
L 721
Hesborn
Ahre
K 56
L 617
Liesen
K 76
Hallenberger Wald
Braunshausen
5
L 717
K 54
Hallenberg
Nuhne
K 55
NORDRHEIN-WESTFALEN
HESSEN
4
236
L 717
Somplar
3
Wunderthausen
Bromskirchen
Neuludwigsdorf
2
Diedenshausen
L 3073
Osterfeld
Alertshausen
L 877
L 3382
Allendorf (Eder)
1
P
Eder
253
Elsoff
K 130
Dodenau
L 3478
Battenfeld

# Alles auf einen Blick

**WIE & WANN:**
**Größtenteils asphaltierte Radwege, fast durchgehend gleichmäßige Steigung. Ideal für E-Bikes. Beste Radelzeit von Frühling bis Herbst.**

**HIN & WEG:**
**Auto:** Parkplatz am Bürgerhaus, Gartenstraße 1, 35108 Allendorf (Eder) (GPS: 51.02675, 8.66785)
**ÖPNV:** Bf. Frankenberg (Eder) (RB), Bus 540 mit Fahrradanhänger von Frankenberg nach Allendorf (Eder) (www.nvv.de), kein Fahrradbus nach Winterberg

**ESSEN & ENTSPANNEN:**
**Bürgerhaus Restaurant Arka** ❶ Schulstraße 5, 35108 Allendorf (Eder), Tel. (0 64 52) 72 84
**Hotel-Restaurant Zum Dorfkrug** ❻ Im Bentheim 3, 59955 Züschen, Tel. (0 29 81) 13 71, www.dorfkrug-zueschen.de

Entspannung ★★★☆☆
Genuss ★★☆☆☆
Romantik ★★★★★

**Kaffeehaus Winterberg** ❼ Marktstraße 1, 59955 Winterberg, Tel. (0 29 81) 5 08 96 71, www.kaffeehaus-winterberg.de

**ENTDECKEN & ERLEBEN:**
**Bromskirchener Eisenbahnviadukt** ❷
**Bromskirchener Eisenbahntunnel** ❸
**Landesgrenze nach Nordrhein-Westfalen** ❹
**Ortskern von Hallenberg** ❺
**Kirche St. Jakobus** ❽

Westerwald-querbahn-Radweg an der Krombachtalsperre

- 28 Kilometer
- 360 Höhenmeter
- 3 Stunden
- Streckentour

Wir starten unsere Tour, indem wir den kleinen **Waldparkplatz** mit Picknickbank an der Kreuzung nach rechts verlassen. Der geschotterte Weg, der als Radweg nach Herborn ausgeschildert ist, beschreibt gleich eine Rechtskurve und bietet einen schönen Blick Richtung Westen über Rennerod hinweg auf die Hügel des Westerwaldes. Am Waldrand kreuzen wir einen Weg und treffen bald danach an einer T-Kreuzung auf die alte Bahntrasse. Nach links verliert sich diese – bald nur noch als Pfad erkennbar – im Wiesengelände, während sie nach rechts sehr gut als fein geschotterter Radweg ausgebaut ist. Wir fahren nach rechts Richtung Herborn zunächst durch ein Waldgebiet. Zur Linken begleiten den Weg zahlreiche Schilder, die vor Schießübungen im militärischen Sicherheitsbereich warnen. Wir folgen stets dem Verlauf der leicht ansteigenden Trasse, bis wir bald schon ihren höchsten Punkt erreichen – markiert mit einer hölzernen Tafel. Sie zeigt die **Wasserscheide** zwischen Lahn und Dill auf 563,5 Meter Meereshöhe an. Bei einer Schutzhütte verlässt der Weg kaum wahrnehmbar die alte Bahntrasse und führt leicht nach rechts versetzt geradeaus weiter. Wir fahren an einer naturbelassenen Wiese mit großen Weißdornsträuchern vorbei, stoßen nach 700 Metern auf eine schmale asphaltierte Straße, die links über die Bahnhofstraße nach **Rehe** führt. Dort befindet sich die Haltestelle des Fahrradbusses. Wer mit dem Bus von Burg nach Rehe gefahren ist, beginnt hier entweder die Radtour oder

*Auf fast der gesamten Länge überwinden wir einen Höhenunterschied von 355 Metern, gleichmäßig verteilt auf maximal etwa 3 Prozent. Auch wegen des vorherrschenden Westwinds empfiehlt sich die Fahrtrichtung von West nach Ost und die An- und Rückfahrt mit dem Fahrradbus.*

# Wiesen und Seen

## Vom Westerwald ins Dilltal

fährt 4 Kilometer zurück zum Startpunkt auf dem Waldparkplatz.

Wir überqueren die Straße und setzen die Tour ab hier auf der von alten knorrigen Saalweiden gesäumten Bahntrasse fort. Über einen Damm überqueren wir eine kleine Talsenke vorbei an zwei künstlichen Teichen und steuern dann auf die **Krombachtalsperre 1** zu. Sie staut den Rehbach und hat nichts mit dem Stausee, den man aus der Bierwerbung kennt, zu tun. Am gegenüberliegenden Ufer befinden sich zwei Campingplätze, die durch die Landesgrenze zwischen Hessen und Rheinland-Pfalz, die auch mitten durch den See führt, getrennt sind. Das Nordufer des Sees, an dem unser Radweg entlangführt, gehört zu einem Naturschutzgebiet. Der Nabu hat hier einen **Aussichtsstand 2** zur Beobachtung der Vogelwelt errichtet. Der Stausee hat vor allem für durchziehende Wasservögel eine besondere Bedeutung.

Rinder an der Krombachtalsperre

Groß und Klein auf dem Westerwaldquerbahn-Radweg

Nachdem wir den grasbewachsenen Staudamm passiert haben, führt der Weg durch die Talmulde des Rehbachtals mit grünen Wiesen, die sich über die Hänge ziehen. An einer Abzweigung lädt eine Picknickbank zur Rast ein. Am Ortsrand von **Mademühlen** stoßen wir auf eine Straße, die wir neben einem kleinen Supermarkt überqueren. Ab hier befinden wir uns auf dem hessischen Fernradweg **R 8,** dessen Markierung wir mit einer Ausnahme bis zum Ende unserer Tour in Burg folgen werden.

Der Radweg verlässt nun für etwa 4 Kilometer die alte Bahntrasse und führt über asphaltierte landwirt-

*Der Westerwald ist eine Mittelgebirgsregion zwischen den Flüssen Rhein, Lahn, Dill und Sieg und Teil des Rheinischen Schiefergebirges. Die höchste Erhebung von 657 Metern befindet sich im Bereich des Hohen Westerwalds, durch dessen Süden unsere Tour führt.*

## Für die Seele

Von den luftigen Höhen gleiten wir mit leichtem Gefälle durch einsame Landschaften vorbei an saftigen Wiesen, blauen Seen und knorrigen Bäumen am Wegesrand ins Tal.

Evangelische Kirche in Driedorf

schaftliche Wege, bald kurz ansteigend über kleine Hügel nach **Driedorf.** Wir folgen stets den Wegweisern des R 8. Driedorf erreichen wir auf der **Weilburger Straße,** wo wir an der schönen klassizistischen **Evangelischen Kirche** ③ rechts in die Wilhelmstraße abbiegen. Sie endet bald am Ortsrand und wir fahren weiter geradeaus am Rinnbach entlang, der schon bald in den Rehbach mündet, welcher seinerseits kurz darauf in das **Speicherbecken Heiligenborn** ④ mündet. An der Staumauer mit der historischen Wehranlage steht eine Tafel, die über die Kraftwerkskette im Rehbachtal informiert. Eine Bank unter Apfelbäumen lässt uns eine kurze Pause einlegen, bevor wir weiter auf dem **R 8** Richtung Schönbach radeln. Nach gut 100 Metern befinden wir uns unversehens wieder auf der Bahntrasse, was man gleich an einem alten Wasserspeicher aus zerbröselndem Stahlbeton erkennen kann. Unser Weg führt uns durch das zuerst noch dicht bewachsene Rehbachtal, bis sich der Wald lichtet und den Blick über weite Wiesen auf die Hügellandschaft des Westerwalds freigibt.

Bei Heiligenborn stoßen wir auf die **Bahnhofstraße,** auf der unser Radweg kurz weiterführt und hinter dem ehemaligen Bahnhofsgebäude, das heute ein privates Wohnhaus ist, rechts, Richtung **Schönbach,** abbiegt. Nun sind wir wieder zurück auf der Bahntrasse und fahren rechts, hoch über dem Rehbachtal, weiter. Die vielen Sträucher und Bäume am Wegesrand geben immer wieder den Blick auf die weite Berglandschaft mit dem Dilltal frei. An einer offenen Stelle an einem **Rastplatz mit Aussicht** 5 machen wir Halt und genießen den Blick über die grünen Wiesen mit grasenden Rindern. Wenige hundert Meter weiter befindet sich ein weiterer Aussichtspunkt mit einer Bank unter einem hölzernen Kreuz, das einen ähnlichen Ausblick bietet. Danach tauchen wir in einen schönen Laubwald ein, durch den es lange leicht bergab geht. Wir folgen dem Bahntrassenweg stets weiter und ignorieren dabei den

**Westerwaldquerbahn-Radweg bei Heiligenborn**

Wegweiser R 8 nach rechts an einer Abzweigung. Unser Weg mündet unvermittelt in eine Wohnstraße am Ortrand von **Schönbach**, wo wir auf die **Schönbacher Hauptstraße** stoßen. Wir folgen ihr rechts bergab und biegen nach 130 Metern auf Höhe der Feuerwehr in die Nebenstraße **Am Friedhof** erneut nach rechts. Nach 200 Metern stoßen wir auf den **Wabachsweg,** wo wir auch wieder auf den R 8 treffen. Hier biegen wir links ab und folgen nun wieder konsequent über zahlreiche Wege und Wohnstraßen seiner deutlichen Beschilderung, bis wir den Ort talwärts auf einem Radweg wieder verlassen haben. Wir stoßen an einer Kreuzung auf die **Schönbacher Hauptstraße** außerhalb des Orts, überqueren diese geradeaus und folgen der nach Burg führenden Nebenstraße auf dem linksseitigen Radweg. Etwa 2 Kilometer führt dieser uns durch das zauberhafte Ambachtal. Vor einer Brücke biegen wir links und gleich wieder rechts ab und fahren nach **Amdorf,**

**Beeindruckender Blick aufs Dilltal**

**Landschaft bei Guntersdorf**

wobei wir wieder den Pfeilen des R 8 durch das Dorf folgen. Im weiteren Verlauf nähern wir uns wieder einer Landstraße, bis unser Radweg diese nach 500 Metern wieder nach links talwärts verlässt.

In **Uckersdorf** treffen wir wieder auf die Landstraße, an der wir links auf dem Gehweg ein Stück in einer langgezogenen Rechtskurve bis zu einer Kreuzung mit linksabknickender Vorfahrt weiterfahren. Wir nehmen die linke der beiden geradeausführenden Straßen, die **Industriestraße,** ausgeschildert mit R 8 Richtung Burg. Wer möchte, macht einen Abstecher in den nur 700 Meter entfernten **Tierpark Herborn** ❻. Man folgt dafür der Vorfahrtstraße ein paar Meter, fährt an der nächsten T-Kreuzung rechts und gleich danach wieder links in die Südhangstraße, die direkt zum Tierpark führt. Über denselben Weg fährt man wieder zurück zur Radroute.

Nach einigen hundert Metern verlassen wir über die **Industriestraße,** die in einen Radweg übergeht, den

*Der Tierpark Herborn, der aus dem Vogelpark Uckersdorf hervorging, ist ein relativ kleiner, aber feiner und gut besuchter Zoo mit über 90 Tierarten aus aller Welt. Nachmittags bietet er kommentierte Fütterungen an und im Erdmännchencafé Stärkung für die Besucher.*

Ort. An einem Rastplatz treffen wieder auf die Bahntrasse, auf der wir durch das schöne Tal bis zur **Autobahnbrücke Ambachtal** fahren mit der Sauerlandlinie A 45 hoch über uns. Ab dort geht es parallel zur Bahntrasse geradeaus weiter bis **Burg,** wo wir auf eine Vorfahrtstraße treffen, der wir nach rechts Richtung Ortsmitte folgen. Kurz vor einem Kreisverkehr biegt man links ab, um zum **Bahnhof Burg** zu gelangen und zum **Restaurant Burger Eck** ⑦, dessen Name nicht auf ein Hamburgerlokal hinweist, sondern sich vom Ortsnamen ableitet. Biegt man stattdessen direkt am Kreisverkehr rechts ab, erreicht man nach wenigen Metern die **Haltestelle** der Fahrradbusse der Blauen Linie, mit dem man ohne anstrengende Bergfahrt zurück nach Rehe gelangen kann.

Amdorfbachtal zwischen Schöndorf und Amdorf

## Westerwaldquerbahn

Bereits zwischen 1870 und 1887 wurde der Westerwald in Nord-Süd-Richtung durch den Bau der Oberwesterwaldbahn von Limburg an der Lahn nach Au an der Sieg erschlossen. Erst Anfang des 20. Jahrhunderts wurde die Westerwaldquerbahn gebaut, die die Region von Montabaur nach Herborn in West-Ost-Richtung durchquerte. Die Bahnlinie sollte die abgelegenen Teile des Westerwalds an die schon stärker industrialisierten Zonen des Siegerlandes und der Lahn anschließen. Außerdem sollte sie den Anschluss zu den mineralischen Rohstoffquellen der Region verbessern und die Beförderung der Wanderarbeiter erleichtern. 1959 wurden die ersten Abschnitte für den Personenverkehr stillgelegt, 1981 die letzten. Der Güterverkehr lief noch bis 1967 auf der gesamten Strecke und wurde bis 1985 nach und nach eingestellt. Nur der letzte Abschnitt von Wallmerod nach Montabaur ist heute noch in Betrieb, der Radweg auf dem Abschnitt Rennerod–Burg, der insgesamt etwa zur Hälfte auf der Bahntrasse verläuft, wurde 1986 eröffnet.

Liebenscheid
L 296
L 3044
Rabenscheid
Breitscheid
Erdbach
Medenbach
Uckersdorf
L 3042
Burg
DB
277
255
H
Dill
Herborn
K 68
Amdorf
K 67
K 61
K 71
L 3391
Aubach
K 69
255
Hörbach
45
L 3046
277
Amdorfbach
Gusternhain
Schönbach
Heisterberg
414
Waldaubach
Merkenbach
255
Roth
Hirschberg
Guntersdorf
K 66
Fleisbach
Homberg
L 3044
L 3461
Rehbach
Driedorf
Rehe
H
K 84
Schloßstraße
255
Mademühlen
Stausee
Driedorf
Seilhofen
Greifenstein
Krombach-
stausee
K 47
K 85
Münchhausen
L 3046
54
Beilstein
L 3044
P
Rennerod

# Alles auf einen Blick

**WIE & WANN:**

**Großenteils fein geschotterte Wege, abseits der Bahntrasse vorwiegend asphaltierte, kaum befahrene Straßen und Radwege. Wenig Steigungen, vorwiegend sanftes Gefälle. Beste Radelzeit von Frühling bis Herbst.**

**HIN & WEG:**

**Auto:** Wanderparkplatz, 56477 Rennerod (GPS: 50.60983, 8.08805)
**ÖPNV:** Bf. Burg (Dillkr) Nord (RB), Fahrradbus Blaue Linie 407/521 nach Rehe von Bushaltestelle Post (Burger Hauptstraße 27, 35745 Herborn-Burg)

**ESSEN & ENTSPANNEN:**

**Restaurant Burger Eck ❼** Burger Hauptstraße 54, 35745 Herborn,
Tel. (0 27 72) 6 46 31 66, www.burger-eck.de

**ENTDECKEN & ERLEBEN:**

**Krombachtalsperre ❶**
**Aussichtsstand ❷**
**Evangelischen Kirche ❸**
**Speicherbecken Heiligenborn ❹**
**Rastplatz mit Aussicht ❺**
**Tierpark Herborn ❻**

Entspannung ★★★★☆
Genuss ★★☆☆☆
Romantik ★★★★☆

Blick auf Lissberg mit dem Ausgleichsweiher des Nidderkraftwerks

- 34 Kilometer
- 440 Höhenmeter
- 3 Stunden
- Streckentour

Die Zufahrt zum Parkplatz am Vulkan-Radweg in **Hartmannshain** liegt direkt an der Haltestelle des Fahrradbusses. Hier am höchsten Punkt der Bahnstrecke, den früher die Oberwaldbahn zu überwinden hatte, starten zwei Fahrradtouren auf der alten Trasse mit dem heutigen Namen Vulkan-Radweg in zwei Richtungen.

Für unsere heutige Tour fahren wir ab dem Parkplatz nach rechts, ausgeschildert mit **Gedern**, dem ersten Ort, den wir nach 14 Kilometern Fahrt erreichen werden. Schon nach 100 Metern treffen wir auf den Hinweis Wirtshaus mit Biergarten, der uns zum Gasthaus **Tor zum Vogelsberg** ❶ einlädt. Es bietet gute Küche und für E-Biker eine kostenlose Ladestation.

Nach 300 Metern überqueren wir die **B 275**. Hier zweigte früher nach links die stillgelegte Vogelsberger Südbahn ab, deren Trasse hier heute zwar noch am Bewuchs zu erkennen, aber nicht mehr für einen Fahrradweg nutzbar ist. Bevor die Trasse in den Wald eintaucht, genießen wir den Blick auf die typische Vogelsberglandschaft mit ihren Wiesen und Baumreihen und kleinen Wäldchen. An einer kleinen Brücke und dem Hinweisschild **Seemenbachquelle** ❷ stoppen wir kurz und entdecken rechts das mit einem schwarzen Vulkanstein markierte Quellgebiet des Seemenbachs, der in der Nähe von Altenstadt in die Nidder münden wird.

An einem Stoppschild überqueren wir wieder die **B 275**, von der sich der Radweg nun weit entfernt und

# Vulkantour

## Vom Vogelsberg in die Wetterau

*Entlang des Vulkanradwegs zwischen Altenstadt und Hartmannshain hat der Künstler Wilfried Klaus insgesamt 21 aus Eisen gegossene Stelen aufgestellt. Die Standorte der Skulpturen sollen zum Verweilen und Entspannen einladen.*

durch einen einsamen Mischwald führt. Vor **Ober-Seemen** tauchen wir wieder aus dem Wald auf und halten an einer Skulptur am Wegesrand, einer Stele mit dem Namen **Weitblick**. Tatsächlich hat man von hier eine wunderbare Fernsicht, die die Berge des Taunus in westlicher Richtung deutlich erkennen lässt.

Am Ortsrand von **Ober-Seemen** verlässt der Radweg die Trasse im Bereich des ehemaligen Bahnhofs. Wir folgen der Beschilderung, fahren kurz auf einem Radweg entlang der Gederner Straße, bevor wir wieder auf die alte Bahntrasse geleitet werden. Die Bahntrasse schraubt sich nun langsam mit deutlichem Gefälle in zwei großen Kehren durch eine herrliche Landschaft auf das tiefer gelegene Gedern zu.

An den Resten einer Brücke aus Vulkangestein endet die ausgebaute Bahntrasse am Ortsrand von **Gedern**, da sie im weiteren Verlauf überbaut wurde. Wir fahren hier rechts, biegen an der nächsten Kreuzung rechts ab Richtung **Zentrum** und fahren am **Schlosspark** entlang.

**Schloss Gedern**

Fahrradfahrer auf dem Vulkanradweg

Danach führt der offizielle Radweg nach links in den Park. Wir fahren aber noch ein paar Meter weiter bergauf und nehmen dann die Einfahrt zum Schloss. Im Torhaus befinden sich das **Kulturhistorische Museum und Tourist-Info**. Der mittlere Teil des **Schlosses** ③ dient heute als Rathaus und im linken Flügel ist das **Schlosshotel** ④ mit empfehlenswertem Restaurant untergebracht, wo man im Schlosshof schön unter großen Sonnenschirmen sitzen kann. Für die E-Biker ist eine Akkulademöglichkeit vorhanden. Vor der Terrasse geht es in den **Park.** Dort halten wir uns sofort links und treffen nach wenigen Metern auf einen asphaltierten Weg, womit wir uns wieder auf dem Vulkan-Radweg befin-

## Für die Seele

Berauschend schöne Talfahrt von den Höhen der Vulkanlandschaft des Vogelsbergs vorbei an Schlössern und historischen Städten talwärts in die Wetterau.

Kühe auf der Weide

den. Wir folgen der Wegweisung, die uns durch Gedern in ein Industriegebiet führt. Wir biegen bei einem Bekleidungsdiscounter rechts ab, fahren dann sofort wieder links auf einen kleinen Weg, auf dem wir auf die **Frankfurter Straße** stoßen und sie hier überqueren. Und schon sind wir wieder auf der alten Bahntrasse, die die Straße für etwa 1 Kilometer begleitet, bevor sie diese quert. In einer grünen Talaue fahren wir über den **Merkenfritzerbach,** dessen Verlauf wir bis Hirzenhain folgen werden, wo er in die Nidder mündet.

Büsche und Bäume entlang der linken Talseite umschließen den Radweg nun tunnelförmig. Wir kommen an Fischteichen und einer Wochenendhaussiedlung vorbei, treffen rechts auf den kleinen Vergnügungspark **Märchenland Merkenfritz** mit dem rustikalen Biergarten **Radlertreff im Märchenland ⑤**, in dem man sich Rindersteaks oder Handkäse mit Musik servieren lassen kann. Biegt man hier rechts ab, erreicht man über die Liebfrauenstraße im Ortskern das **Wirtshaus Fuchsbau** an der B 275, ein uriges, preiswertes Gasthaus mit gutbürgerlicher Küche in einem alten Fachwerkhaus.

Nach diesem Abstecher gelangt man auch über die Ortsstraße zurück auf den Radweg. Ein weiteres Traditionslokal in Merkenfritz, das seit Generationen von der Familie Kränsel betrieben wird, finden wir in der **Henkelsmühle**. Man erreicht das Lokal vom Radweg aus nach rechts über den Mühlenweg.

Am Ortsrand von Hirzenhain treffen wir auf einen Edeka, rechts davon liegt das **Kunstgussmuseum Hirzenhain** ❻, dessen Eingang an der B 275 liegt. Das Museum zeigt Exponate der Kunstgießerei, die hier bis 2015 arbeitete. Gegenüber der Bundesstraße sehen wir das den Ortskern beherrschende denkmalgeschützte Werksgebäude von **Buderus** ❼.

*In Hirzenhain befindet sich die Keimzelle des ehemaligen Großkonzerns Buderus. Schon 1678 baute die Familie* ***Buderus*** *hier die ersten Hochöfen. Der Aufschwung des Unternehmens begann aber im frühen 18. Jahrhundert durch die Entdeckung reicher Eisenerzvorkommen in der Region.*

Wir folgen dem Radweg durch den Ort, wobei wir an der ehemaligen **Klosterkirche** vorbeikommen, eine turmlose spätgotische Hallenkirche. Wir überqueren die Bahnhofstraße und fahren direkt an der hier gestauten Nidder entlang. Ab der Staumauer verläuft der Radweg zunächst wieder auf der alten Bahntrasse und führt uns dicht am Fluss entlang durch das grüne Tal

**Blick auf Ortenberg**

In der Marienkirche in Ortenberg

in Richtung Lißberg. Dessen Burg können wir schon aus der Ferne erkennen. Oberhalb eines kleinen Stausees treffen wir auf einen netten **Rastplatz,** von dem aus man einen Postkartenblick über den See auf den Ort mit der **Burg Lißberg** **8** hat. Ein Stückchen weiter liegt direkt am Radweg eine **Kneippanlage** **9** für ein kühlendes Fußbad. Der Weg knickt links ab und führt entlang der Nidder durch das hier breiter werdende Tal, bevor es sich auf dem folgenden Abschnitt plötzlich wieder verjüngt. Vorbei an weiteren Fischteichen stehen wir unvermittelt vor einem malerischen Ensemble aus Fachwerkhäusern an einem Mühlkanal. Eine Brücke führt links steil hinauf in die **Altstadt von Ortenberg** **10**, die wir uns unbedingt näher anschauen sollten. Oberhalb der steilen malerischen alten Gassen liegen das Schloss, das man leider nicht besichtigen kann, und die **Marienkirche**. Die sehenswerte gotische Hallenkirche ist tagsüber geöffnet. Vom Mühlenensemble aus, von dem aus wir den Abstecher hinauf in die Altstadt gemacht haben, folgen wir dem Radweg weiter, auf dem wir gleich auf der alten schmalen **Mühltorbrücke** ⑪ die Nidder überqueren. Neben der Brücke konnten Fahrzeuge durch eine Furt den Fluss durchqueren. Wir folgen dem Verlauf des Radwegs entsprechend der deutlichen Beschilderung, die uns meist am Fluss entlang über Abzweigungen und Kurven vorbei an Kleingärten und Sportplätzen durch Ortenberg führt. Schließlich überqueren wir die Nidder erneut und erreichen danach die Bahntrasse, auf der wir parallel zur B 275 weiter bis **Selters** fahren. Bei einer Tankstelle überqueren wir die **B 275.** Von hier können wir einen kurzen Abstecher nach rechts auf einem Radweg entlang der Straße machen, um nach weniger als 1 Kilometer das in einem alten Gutshof versteckte **Kloster Konradsdorf** ⑫ zu erreichen. Die Klosterkirche und das Propsteigebäude, die dem Land Hessen gehören, sind wunderschöne Beispiele romanischer Architektur, die derzeit wegen Restaurierungsarbeiten nur teilweise besichtigt werden können.

> !
>
> *Da der Fahrradbus bis hinauf zum Hoherodskopf fährt, dem höchsten Berg des Vogelsbergs, kann man die Tour auch dort starten. Man trifft dann nach 9 Kilometern vorwiegend durch Wald in Hartmannshain auf den Vulkanradweg.*

Die Mühltorbrücke

Wir radeln weiter durch das flache grüne Tal und tangieren das Naturschutzgebiet der **Nidderauen von Stockheim** ⑬, in dem sich unter anderem Störche wohlfühlen. Es gehört zum **Schutzgebiet Mittleres Niddertal**, das sich zwischen Selters und Glauburg erstreckt. Schließlich treffen wir in **Stockheim** auf die Gleisanlage der Lahn-Kinzig-Bahn Gießen–Gelnhausen, von der die Oberwaldbahn abzweigte. Unser Radweg führt uns nun weiter entlang der Bahnlinie im Bereich des Bahnhofgeländes von Stockheim bis zur Bahnhofstraße. Kurz davor sehen wir links zwischen Wohnhäusern die katholische Kirche **St. Judas Thaddäus** ⑭ herausragen, die in den 1920er-Jahren im ungewöhnlichen Art-déco-Stil erbaut wurde. Innen ist sie in kräftigen Farben ausgemalt und einen letzten Abstecher wert. An der Bahnhofstraße biegen wir rechts ab, überqueren die Bahngleise und fahren nach rechts weiter bis zum **Bahnhof**, an der sich die Haltestelle für den Fahrradbus Vulkan-Express befindet.

*Dank der sehr guten Asphaltdecke und dem fast durchgehenden leichten Gefälle der Strecke, wird der Radweg auch gerne von Inlinern und Skateboard-Fahrern genutzt, die sich mit dem Bus nach Hartmannshain bringen lassen.*

**St. Judas Thaddäus in Stockheim**

## Oberwaldbahn

Die Oberwaldbahn verband als eingleisige Nebenstrecke quer durch den Vogelsberg Stockheim in der Wetterau und Lauterbach. Sie verband die Bahnlinien Gießen–Gelnhausen und die eingleisige Hauptbahn Gießen–Asfeld–Fulda, die beide heute noch in Betrieb sind. In Hartmannshain erreichte sie mit 575 Metern über dem Meeresspiegel den höchsten Punkt der Strecke, der gleichzeitig der höchstgelegene Bahnhof Hessens war. 1884 beschloss die großherzogliche Regierung in Darmstadt den Bau der Bahnlinie, deren Fertigstellung auf Grund der schwierigen Terrassierung 20 Jahre dauerte. Mit dem Bau der Vogelsberger Südbahn wurde der Bahnhof Hartmannshain 1934 zum Anschlussbahnhof. Die Strecke wurde schon Ende der 1950er-Jahre stillgelegt. Dank des zunehmenden Individualverkehrs und der Bahnbusverbindungen wurde die Oberwaldbahn unrentabel, weshalb 1975 der Personenverkehr auf der gesamten Strecke eingestellt wurde. Bis 1994 wurden peu à peu auch der Güterverkehr eingestellt und die Gleise abgebaut.

Hartmannshain
Bermuthshain
L 3181
Sichenhausen
Kaulstoß
Burkhards
Eschenrod
Ulfa
Salz
Völzberg
Volkartshain
Lichenroth
L 3183
Hillersbach
L 3010
Gedern
Glashütten
Ober-Seemen
L 3185
L 3192
Nidda
Steinberg
Fauerbach
L 3184
Mittel-Seemen
Merkenfritz
Wallernhausen
Schwickartshausen
K 215
Wenings
Hirzenhain
Nieder-Seemen
Lißberg
L 3193
Eckartsborn
Nidda
Gelnhaar
Wippenbach
Ranstadt
Usenborn
Ortenberg
Bergheim
Nidder
Ober-Mockstadt
Selters
L 3190
L 3191
Kefenrod
Birstein
Stockheim
Bleichenbach
DB
455
457
276
275

# Alles auf einen Blick

**WIE & WANN:**

**Fast durchgehend bergab auf sehr gut asphaltierter Bahntrasse, keine nennenswerten Steigungen. Ganzjährig gut befahrbar, beste Radelzeit von Frühling bis Herbst.**

**HIN & WEG:**

**Auto:** Parkplatz Einstieg Vulkanradweg, Lauterbacher Straße, 36355 Hartmannshain (GPS: 50.47051, 9.27782)

**ÖPNV:** Bf. Glauburg-Stockheim (RB), Fahrradbus Vulkan-Express VB-94 fährt an den Wochenenden von Mai bis Oktober vom Bahnhof Glauburg-Stockheim über Gedern nach Hartmannshain und zum Hoherodskopf. Für E-Bikes und Gruppen Anmeldung erforderlich

**ESSEN & ENTSPANNEN:**

**Gasthaus Tor zum Vogelsberg** ❶ Lauterbacher Straße 6, 36355 Grebenhain, Tel. (0 66 44) 3 57, www.gasthof-vogelsberg.de

**Schlosshotel** ❹ Schlossberg 5, 63688 Gedern, Tel. (0 60 45) 96 15-0, www.schlosshotel-gedern.de

**Radlertreff im Märchenland** ❺ Liebfrauenstraße 25, 63697 Hirzenhain

**ENTDECKEN & ERLEBEN:**

**Seemenbachquelle ❷; Schloss ❸**
**Kunstgussmuseum Hirzenhain ❻**
**Buderus ❼; Burg Lißberg ❽**
**Kneippanlage ❾; Altstadt von Ortenberg ❿**
**Mühltorbrücke ⓫; Kloster Konradsdorf ⓬**
**Nidderauen von Stockheim ⓭; St. Judas Thaddäus ⓮**

Entspannung ★★★★☆
Genuss ★★★★☆
Romantik ★★★★☆

Schloss Bieberstein

- 27 Kilometer
- 270 Höhenmeter
- 3 Stunden
- Streckentour

Bildstock in Almendorf

Der **Parkplatz Milseburgradweg Götzenhof** liegt unmittelbar am Beginn der ehemaligen Rhönbahn, die von hier zum Ulstertal in der Hohen Rhön führte. Der Parkplatz ist mit Picknickbänken und Infotafeln ausgestattet und dient auch als Haltestelle für den Fahrradbus. Wir verlassen ihn in östlicher Richtung und fahren schon nach wenigen Metern über einen Schlenker nach links auf die alte Bahntrasse. Zunächst geht es für etwa 1,5 Kilometer mit leichtem Gefälle flott voran, danach fahren wir recht eben weiter, wobei wir ständig das charakteristische Panorama der Rhön mit den Vulkankegeln der **Milseburger Kuppenrhön** vor uns haben. Noch liegen sie in weiter Ferne, doch werden wir sie bald dank gekonnter Trassenführung und einem Tunnel ohne große Anstrengung über- oder besser durchqueren. Nach insgesamt 2,3 Kilometern kreuzt unser Weg bei **Almendorf** die **L 3429.** Wenn wir hier rechts abbiegen, treffen wir nach 200 Metern auf eines der recht wenigen Restaurants auf dieser Radtour. Mit dem **Hotel-Restaurant Berghof** ❶, das im alpinen Landhausstil der 1990er-Jahre errichtet wurde, erwartet uns auch ein netter Biergarten. Fährt man noch ein paar Meter die Straße hinauf, trifft man auf einen schönen bunten **Bildstock** ❷ aus Sandstein aus dem Jahr 1815.

# Perle der Rhön

## Highlight Milseburg-Radweg

Bahntrassen-Radweg bei Almendorf

**Schloss Bieberstein** *ließ sich der Fuldaer Fürstabt Adalbert von Schleifras im 18. Jahrhundert vom fränkischen Baumeister Johann Dientzenhofer im Stil des Barock als Sommerresidenz errichten. Zuvor stand hier eine bereits verfallene mittelalterliche Burg.*

Zurück auf dem Radweg durchqueren wir bald das idyllische **Haunetal.** Hier spüren wir das langsame Ansteigen der Trasse. Wir passieren das Dorf **Niederbieber** und plötzlich erblicken wir vor uns in der Talaue hinter den Wiesen das Schloss Bieberstein auf einem bewaldeten Vulkankegel thronen. Wir werden es auf unserer Tour zwar nicht direkt erreichen, aber zumindest in gewissem Abstand halb umrunden.

Am Bahnhofsgelände von **Langenbieber** gibt es außer einer Schutzhütte und Picknickbänken auch einen rustikalen **Radlerbiergarten** ③, wo man sich für die weiteren fast 10 Kilometer Anstieg, der nicht steiler wird als bisher, stärken kann. 750 Meter weiter wartet etwas versteckt eine **Mariengrotte** ④. Bei einer Wegkreuzung, an der ein Wegweiser nach links zum Gasthof Linde lockt, befindet sich scharf rechts der Zugang zur Grotte.

Wann immer man auf dieser ländlichen Tour einen Stopp einlegt, fällt die unglaubliche Stille auf, die sich hier ausgebreitet hat. Kein Verkehrslärm stört die ländliche Idylle. Stattdessen hören wir das leise Rauschen des Windes, das Zirpen der Grillen und das Zwitschern der Vögel. Lücken zwischen den Bäumen am Wegesrand erlauben immer wieder einen Blick aus einem anderen Winkel auf das **Schloss Bieberstein** ❺.

Auf der Höhe des **Freibads Bieberstein** ❻, das hier verträumt im grünen Biebertal liegt und vom Radweg aus gut zu erreichen ist, befindet sich ein überdachter Rastplatz. Etwa 1 Kilometer weiter am Beginn einer Linkskurve lockt ein Wegweiser zu einem Abstecher zum **Schloss Schackau** ❼. Hier zweigt ein romantisch zugewachsener Weg ab. Rechts, umgeben von Brennnesseln, weist uns ein kleines Schild auf ein Stück sichtbaren Fels aus Bimsstein hin. Nach 300 Metern erreichen

Mariengrotte am Milseburg-Radweg

## Für die Seele

Wir radeln unbehelligt von Verkehrslärm und Industrieanlagen durch eine Region, wie sie abwechslungsreicher, schöner und abgeschiedener kaum sein könnte.

wir den Weiler **Schackau,** links ein altes Hofgut und dahinter auf der anderen Straßenseite das einfache, aber hübsche **Schloss Schackau.** Leider ist es ein privates Wohnhaus, sodass wir uns mit einem Blick über das Tor begnügen müssen. Zurück auf dem Radweg, beschreibt die Bahntrasse eine lange Linkskurve, die erste Serpentine für den Anstieg zur **Milseburger Kuppenrhön.** Dabei überquert sie auf einer Brücke die **L 3330.** Hier

**Milseburger Kuppenrhön bei Elters**

sollten wir einen kurzen Fotostopp einlegen und die Kamera auf das Tal und Schloss Bieberstein richten. Die Kamera sollten wir bis zum Milsebergtunnel griffbereit halten, da es noch mehr lohnende Ausblicke auf die einzigartige Landschaft geben wird.

Der Weg führt in einen dichten Wald hinein und nach der zweiten Rechtskurve wieder hinaus. Vom erhöhten Bahndamm haben wir einen grandiosen Blick

*Die Milseburg ist mit 835 Metern die höchste Erhebung in der Kuppenrhön. Auf dem Berg befinden sich Reste des Oppidums Milseburg, einer eisenzeitlichen Stadt. Ferner stehen hier die Gangolfskapelle, die Milseburghütte und das Justus-Schneider-Denkmal.*

über die Rhönlandschaft. Bei **Elters** stehen breite Holzliegen auf der Wiese, die zum Verweilen und Sonnenanbeten einladen und von denen wir wieder auf Schloss Bieberstein in der Ferne blicken können. Gegenüber der alten Bahnhaltestelle soll eine **Radwegekirche** ❽ entstehen. Bald taucht der Radweg in den Wald ein, und noch bevor das Tunnelportal ins Blickfeld kommt, spüren wir, wie die kalte Luft aus dem Innern des Bergs uns entgegenströmt. Der **Milseburgtunnel** ❾ ist 1.200 Meter lang und beleuchtet. Es herrscht eine konstante Temperatur von 8 bis 10 Grad. Auch im Berg steigt der Radweg noch an. Den höchsten Punkt der Tour erreichen wir kurz nach dem Tunnelausgang am ehemaligen **Bahnhof Milseburg.** Hier befinden sich ein Rastplatz und das kleine, schlichte **Café Honigkuchen und Wachsmuseum** ❿.

Nun können wir die Räder durch eine kaum besiedelte wunderschöne Landschaft bergab rollen lassen. Nach etwa 3 Kilometern müssen wir unvermittelt, aber kaum merklich die Bahntrasse verlassen und

**Milseburgtunnel**

Kirche in Eckweisbach am Milseburg-Radweg

direkt daneben parallel auf einem asphaltierten Feldweg weiterfahren. Nach 1 Kilometer geht es wieder zurück auf den Bahndamm. Kurz danach weist ein Wegweiser zum **Gasthaus Zum Brunnenfeger** ⑪. Wer Lust auf Hirsch- und Sauerbraten hat, kann den 500 Meter langen Abstecher in die Ortsmitte von **Liebhards** wagen. Ein Stückchen weiter passiert der Radweg **Eckweisbach,** wo sich auf einem Schild am Wegesrand das **Landhaus Will** ⑫ empfiehlt. Eigentlich handelt es sich um ein Gästehaus, aber die Terrasse, auf der man mit Getränken und Kuchen verwöhnt wird, umgeben von einem zauberhaften Garten, lädt zum Verweilen ein.

Kurz vor dem Weiler Aura treffen wir an einer Gabelung auf den **Ulstertal-Radweg,** der links in Richtung Norden abzweigt. Richtung Süden führt er zusammen mit dem Milseburg-Radweg noch 2 Kilometer auf der Bahntrasse weiter. Wir unterqueren eine Straßenbrücke und fahren bis **Hilders,** wo uns das schön restau-

*Eine in der Region sehr beliebte Radtour von rund 100 Kilometern Länge führt über die drei Bahntrassenradwege Milseburg-, Ulstertal- und Kegelspielradweg und den Haunetalradweg und verbindet diese zu einer rund 100 Kilometer langen Rundtour.*

rierte **Bahnhofsgebäude** begrüßt, heute eine schicke private Villa. Hier, am Ende des Milseburg-Radwegs, befindet sich auch die **Haltestelle des Fahrradbusses,** der uns zurück zum Parkplatz, aber auch nach Fulda bringen kann.

Wer noch Zeit hat, kann über die Bahnhofstraße in die Ortsmitte fahren, wo man einen zentralen modern gestalteten Platz mit **Tourist-Information** im Rathaus und eine **E-Bike-Ladestation** findet. Hier kann man sich auch im **Eiscafé La Viva** ⑬ und im **Ristorante Pizzeria Italia** ⑭ niederlassen.

Blick auf Hilders im Ulstertal

## Rhönbahn

Die Bahnstrecke, auf deren Trasse heute der Milseburg-Radweg verläuft, verband Götzenhof bei Fulda, wo sie von der Bahnlinie Fulda–Bad Hersfeld abzweigte, mit Wüstensachsen am südlichen Ende des Ulstertals. Sie wurde in Teilabschnitten gebaut und 1891 bis Hilders fertiggestellt. Der letzte Abschnitt von Hilders nach Wüstenhagen wurde 1916 eröffnet. Die Bahnlinie wurde zunächst als Biebertalbahn und später auch als Milseburgbahn oder Rhönbahn bezeichnet. Nach Fertigstellung der Ulstertalbahn 1909 gab es eine Verbindung zum Kalirevier im Werratal. Der Personenverkehr auf dem Teilstück Hilders–Wüstensachsen wurde schon 1966 eingestellt, 1970 folgte dem Ende des Güterverkehrs auch gleich der Gleisabbau. 1986 wurde das Ende des Personenverkehrs zwischen Götzenhain und Hilders eingeläutet. 1993 war auch für den Güterverkehr Schluss. 1995 wurden die Gleise abgebaut und 2003 der Milseburg-Radweg auf der Trasse gebaut.

Marbach
Götzenhof
Almendorf
Peters-berg
Künzell
Traisbach
Wiesen
Niederbieber
Margretenhaun
Armenhof
Dipperz
Hofbieber
Bieberstein
Schwarzbach
Elters
Schackau
Kleinsassen
Milseburg
Steinbach
Rupsroth
Liebhards
Eckweisbach
Aura
Neuschwambach
Hilders
Batten
Wickers
Reulbach
Bieber
Haune
Ulster
Scheppenbach
L 3176
L 3174
K 12
K 11
K 9
K 18
K 28
K 50
L 3258
L 3429
L 3379
L 3330
L 3068
27
278
458
7

# Alles auf einen Blick

**WIE & WANN:**
**Durchgehend sehr gut asphaltierter Radweg auf der Bahntrasse. 13 Kilometer konstante Steigung, ein 1.200 Meter langer Tunnel mit einer Temperatur von 8 bis 10 Grad, von November bis Mitte April geschlossen, nicht geeignet im Winter, beste Radelzeit von Frühling bis Herbst.**

**HIN & WEG:**
**Auto:** Parkplatz Götzenhof Milseburgradweg, Lehnerzer Straße, 36100 Petersberg (GPS: 50.57778, 9.71835)
**ÖPNV:** Bf. Fulda, dann 4,3 Kilometer über Radweg R 3 zum Parkplatz Götzenhof, RhönRadBus Linie 90 der LNG (www.lng-fulda.de) an Wochenenden Mai bis 3. Oktober zwischen Fulda ZOB und Hilders

**ESSEN & ENTSPANNEN:**
**Hotel-Restaurant Berghof** ❶ Almendorfer Straße 1–3, 36100 Almenbdorf, Tel. (06 61) 96 79 00, www.berghof-almendorf.de
**Radlerbiergarten** ❸ Bahnhofstraße 16, 36145 Hofbieber, Tel. (0 66 57) 9 60 20
**Café Honigkuchen und Wachsmuseum** ❿ Milseburg 8, 36115 Hilders, Tel. (0 66 57) 4 89
**Gasthaus Zum Brunnenfeger** ⓫ Anger 5, 36115 Liebhards, Tel. (0 66 81) 3 79
**Landhaus Will** ⓬ Von-Guttenberg-Straße 14, 36115 Eckweisbach, Tel. (0 66 81) 3 18, www.landhaus-will.de
**Eiscafé La Viva** ⓭ Kirchstraße 2, 36115 Hilders, Tel. (0 15 73) 4 40 51 59
Ristorante Pizzeria Italia ⓮ Kirchstraße 1, 36115 Hilders, Tel. (0 66 81) 78 11

**ENTDECKEN & ERLEBEN:**
**Bildstock ❷; Mariengrotte ❹; Schloss Bieberstein ❺; Freibad Bieberstein ❻; Schloss Schackau ❼; Radwegekirche ❽ Milseburgtunnel ❾**

Entspannung ★★★★★
Genuss ★★★☆☆
Romantik ★★★★☆

* 21 Kilometer
* 165 Höhenmeter
* 2 Stunden
* Streckentour

Fischteich an der Ulster an der Landesgrenze Hessen-Thüringen

Der Startpunkt unserer Tour liegt beim barocken **Torbogenhaus,** der als repräsentatives Hauptportal zum **Schloss Philippsthal** ❶ errichtet wurde. Es beherbergt heute das **Grenzmuseum**. Im 120 Meter langen Westflügel der dreiflügeligen Schlossanlage war unter anderem die landgräfliche Bibliothek untergebracht. Der Nordflügel brannte 1976 nieder und wurde durch einen Neubau ersetzt, in dem sich heute ein Seniorenheim befindet. Der Südflügel dient als Rathaus. Die ehemalige Klosterkirche wurde zur **Schlosskirche** umgebaut und befindet sich ebenfalls im Süden der Anlage. Daran schließt sich der Schlosspark mit einer **Orangerie** an, der bis an die Werra und ursprünglich über das andere Ufer hinaus reichte. Dieser Teil wurde aber durch den Bau der Ulstertalbahn 1905 eingeebnet.

*Im 12. Jahrhundert wurde am heutigen Standort des Schlosses ein Benediktinerinnenkloster gegründet. Das Kloster wurde im Bauernkrieg von 1525 zerstört und danach aufgegeben. 1685 ließ Landgraf Philipp von Hessen-Philippsthal das Schloss Philippsthal bauen.*

Wir durchqueren mit unseren Radeln den großen Schlosshof, wobei wir am **Ristorante Pizzeria Pulcinella** ❷ vorbeikommen, der fast einzigen Einkehrmöglichkeit auf dieser Tour. Im Rathaus befindet sich auch die Tourist-Information. Durch das gegenüberliegende Tor verlassen wir den Schlosshof und biegen dem **R 7** folgend links ab in die **Mühlstraße.** Entlang der Mauer, hinter der sich der **Schlosspark** erstreckt, fahren wir die Straße hinunter und kommen dabei an einigen schönen alten Höfen vorbei. Besonders gefällt uns ein hübsch sanierter Hof mit schwarzweißem Fachwerk. Die Straße beschreibt eine Rechtskurve und endet an einer T-Kreuzung. Wir biegen links ab, überqueren die **Werra** und biegen an einer Ampelkreuzung rechts ab

*Entlang des Ulstertal-Radwegs in Thüringen kann man an verschiedenen Stationen über QR-Codes mit dem Smartphone Podcasts abrufen. Sie sind leider recht versteckt angebracht, aber sehr lohnenswert, wenn man sie gefunden hat.*

auf die **B 62 Am Zollhaus.** Wir nehmen die nächste Linksabzweigung, die uns in die **Wiesenstraße** führt, ausgeschildert mit Radweg Richtung **Tann.** Die Straße macht eine scharfe Rechtskurve, der wir nicht folgen, sondern stattdessen leicht links abbiegen und ein Bahngleis über einen unbeschrankten **Bahnübergang** überqueren. Der Radweg führt uns entlang der Gleisanlage Richtung einem großen Kalibergwerk, zu dem auch die riesige weiße Abraumhalde gehört. Zu dieser Grube führen die Schienen, über die in langen Güterzügen das gewonnene Kali abtransportiert wird.

Rechts von uns schlängelt sich die Ulster, die in Philippsthal in die Werra mündet und dem Tal seinen Namen gibt. Das Tal wird langsam enger. Links am Hang stehen knorrige Eichen und rechts nähert sich der Weg dem Fluss, der hier die **Grenze** ③ zu Thüringen bildet. Unser Weg – und mit ihm die Landesgrenze – unterquert unter einer Brücke die Bahnlinie, hinter der der Weg auf der anderen Bahnseite nun durch Thürin-

**Schlosspark Philippsthal mit Schlosskirche**

**Kaliwerk Unterbreizbach**

gen weiterführt. Wir bleiben stets links der Bahnlinie, bis wir zum Güterbahnhof des **Kalibergwerks** 4 kommen, wo auf den Abstellgleisen zahlreiche Wagons auf Beladung und Abtransport warten. Unser Radweg überquert nun eine einspurige **Bahnlinie,** die vom Güterbahnhof links abzweigt und in einem großen Bogen nach Vacha und von dort weiter nach Bad Salzungen führt. Die Strecke bis Vacha wurde 1951 in nur 91 Tagen angelegt, um den Abschnitt über Philippsthal, das zu Westdeutschland gehörte, zu umgehen. Von hier zweigt gleich in etwa 200 Metern nach rechts die ehemalige **Ulstertalbahn** ab, auf deren Trasse wir weiter-

## Für die Seele

Von der Residenz in Philippsthal vorbei an leuchtend weißen Kalibergen, durch das ruhige naturbelassene Ulstertal und vorbei am Grünen Band die Berge hinauf.

Auf dem Ulstertal-Radweg

fahren werden. Zuvor erreichen wir eine schmale Straße, folgen dieser nach links, um nach gut 100 Metern rechts auf den **Radweg** abzubiegen, womit wir nun die Bahntrasse der Ulstertalbahn erreicht haben. Nach etwa 500 Metern treffen wir auf eine Straße, biegen scharf rechts ab, um den Fluss zu überqueren und fahren danach sofort wieder links und radeln auf dem Bahnradweg weiter. Die alte Eisenbahnbrücke existiert nicht mehr. Unter alten, knorrigen Bäumen, die wie aus dem Märchenbuch aussehen, geht es recht lange auf dem malerischen Weg zwischen einem Berghang und der Ulster entlang. Im Verlauf des Radwegs wechseln Wald und Hecken mit im Frühling blühendem Weißdorn einander ab. An einer freien Stelle am Weg wartet ein winziger überdachter Rastplatz, der uns einlädt, den Blick auf den **Ulsterberg,** der sich hinter Pferdsdorf am anderen Flussufer erhebt, zu genießen. Eine moderne Infotafel, wir werden noch einigen dieser interessanten Tafeln begegnen, lehrt uns einiges über die Landwirtschaft vergangener Zeiten. Über die abgebildeten QR-Codes können wir uns noch mehr erzählen lassen. Erstaunlicherweise haben wir hier in der abgelegenen Region Netz.

Plötzlich müssen wir die Bahntrasse nach links verlassen, um einen Bogen um das Bahngelände und den schön renovierten **Bahnhof Pferdsdorf** 5 zu machen. Kurz danach fahren wir weiter auf der Trasse bis zu einem Angelteich mit zwei überdachten Rastplätzen. Wir bewegen uns hier in absoluter Naturidylle, was zu DDR-Zeiten noch ganz anders war. Unmittelbar nach dem Teich erreichen wir wieder die **Grenze** und kreuzen den ehemaligen betonierten Kolonnenweg, von dem aus die DDR-Grenzer die Sperranlagen überwachten. Eine Picknickbank mit Infotafel steht heute mitten im ehemaligen Todesstreifen. Der Weg macht einen Schlenker, wonach wir zurück in **Hessen** sind, allerdings nicht sehr lange. Direkt links des Wegs ist der Verlauf der Landesgrenze, demnach die Auenwiesen zu Thüringen gehören. Der Grenzverlauf ist hier äußerst verwirrend und zerfranst. Nach 800 Metern macht der Weg einen kleinen Schlenker nach links und wir fahren den nächsten Kilometer durch eine hessische Enklave, auch Ulstersack genannt. Die

**Ehemaliger Bahnhof Pferdsdorf**

Bahntrassen-Radweg Oechsenbahn bei Buttlar

*Von 1906 bis zur deutschen Teilung war **Wenigentaft** ein Eisenbahnknotenpunkt. Hier trafen sich die Ulstertalbahn, die Bahnstrecke Hünfeld–Wenigentaft (Kegelspielbahn) und die nur 10 Kilometer lange Stichbahn Wenigentaft–Oechsen (Oechsenbahn), die nach Osten führte.*

Grenze verläuft links entlang der Ulster und unmittelbar rechts des Wegs auf der alten Bahntrasse, die wir verlassen mussten. Nur die Wiese links von uns ist hessisch. Über den **Mansbach** verlassen wir den hessischen Ulstersack und sind wieder in Thüringen, wo wir den Rest der Tour auch bleiben. Nächster Halt ist der **Rastplatz Bahnhof Wenigentaft** ⑥ mit weiteren interessanten Infotafeln. Eine kleine bodennahe Infotafel der Audiotour Grenzerlebnis auf dem Ulstertal-Radweg zeigt einen QR-Code, über den wir uns in einem Podcast Interessantes über den Knotenpunkt Wenigentaft und Trauriges über das Leben in der Sperrzone zu DDR-Zeiten anhören können.

Wir schwingen uns wieder auf die Räder und folgen dem Verlauf des Radwegs in einer langegezogenen Linkskurve, wo wir uns nun auf der Trasse der **Oechsenbahn** befinden. Über eine alte Eisenbahnbrücke fahren wir über die unter uns aufgeregt plätschernde Ulster. Kurz vor **Buttlar** müssen wir wegen eines Gewerbegebiets die Bahntrasse verlassen und fahren geradeaus weiter. Vor den ersten Wohnhäusern von Buttlar zeigt der Fahrradwegweiser nach rechts, dem wir aber nicht folgen, sondern geradeaus bis an die **Frankfurter Straße (B 84)** fahren. Diese überqueren wir und fahren weiter geradeaus in den **Kirschweg** und an der nächsten Kreuzung rechts in den **Michelsbergweg.**

Bei den letzten Häusern von Buttlar wird der Weg zur Allee, wo wir dann auch wieder auf der ursprünglichen Bahntrasse sind, die wir bis Oechsen nicht mehr verlassen müssen. Nach einer Linkskurve, von der wir einen schönen Blick über die Felder und Wiesen des Ulstertals haben, taucht der Weg in einen Wald ein. Es geht nun ständig mit leichter Steigung und Begleitung von Bäumen, Sträuchern und Hecken geradeaus in Richtung Oechsen und in die **Auersberger Kuppenrhön.** Der Weg ist durchgehend asphaltiert. Beim Schild **Sängerwiese 7** lockt ein Biergarten, der allerdings nur sonntags öffnet, mit Bratwurst vom Holz-

*Die 10 Kilometer lange einspurige Stichbahn von Wenigentaft nach Oechsen wurde 1912 für den Güterverkehr und 1917 für den Personenverkehr eröffnet. Sie diente aber in erster Linie dem Abtransport von Kali und Basalt. 1952 wurde der Bahnbetrieb eingestellt.*

**Landschaftliche Impressionen**

kohlegrill, Pommes und Getränken. Nach 2,5 Kilometern treffen wir auf einen Wegweiser, der uns als Einkehr das nahe im Tal gelegene **Landhaus Zimmermann** (8) empfiehlt. Im Gästehaus mit Restaurant kann man zwar täglich einkehren, sollte aber besser vorher anrufen.

Bei **Masbach,** wo ein kurzer Tunnel eine Landstraße unterquert, haben wir das Ende der Steigungsstrecke erreicht. Der künstliche Geländeeinschnitt hinter dem Tunnel diente früher als **Verladestation** (9) für den hier ab 1924 abgebauten Basalt. 1961 wurde das Basaltwerk stillgelegt. Etwa 500 Meter nach dem Tunnel gelangen wir über eine Lücke in der Hecke und einen Steg zu einem überdachten **Rastplatz mit Aussicht** (10). Vor uns liegt in einer Talmulde der Weiler Mariengart eingebettet in riesige Felder und umgeben von den typischen Vulkankegeln der Kuppenrhön. Nach gut 1 Kilometer endet der Radweg beim ehemaligen Bahnhof von **Oechsen,** der etwas außerhalb des Ortes liegt.

**Bermbach am Bahntrassen-Radweg Öchsenbahn**

# Ulstertal- und Oechsenbahn

Die Ulstertalbahn war eine Nebenbahn in der Rhön, die ab 1906 von Vacha über Philippstal nach Hilders führte. Im nördlichen Teil der Strecke überquert sie nicht weniger als siebenmal die hessisch-thüringische Landesgrenze, die nach dem Zweiten Weltkrieg zur unüberwindlichen Grenze zwischen beiden deutschen Staaten wurde. Demzufolge wurde der Bahnverkehr nach dem Krieg teilweise eingestellt. Vom ehemaligen Eisenbahnknotenpunkt Wenigentaft zweigte eine nur 10 Kilometer lange eingleisige Stichbahn nach Oechsen ab. 1912 fuhren die ersten Züge, um Kali aus den Schächten abzutransportieren. Wenig später wurde der Bergbau eingestellt und die Bahnlinie diente dem Abtransport von Basalt und schließlich auch dem Personenverkehr. Nach dem Krieg konnte der Verkehr noch bis 1952 aufrechterhalten werden. Da er aber durch den Grenzverlauf vom restlichen Streckennetz der Reichsbahn abgeschnitten war, wurden die Gleise 1953 abgebaut.

Heimboldshausen
L 3172
Röhrigshof
Zellersbach
62
Werra
1
2
P
Oberzella
Philippsthal (Werra)
Vachaer Straße
84
HESSEN
THÜRINGEN
3
Oechse
Vacha
L 2604
Unterbreizbach
Glaam
4
L 2601
Räsa
K 104
L 2604
Pferdsdorf
Völkershausen
Sünna
5
Ulster
84
K 103
Mosa
Sünna
6
Deicheroda
Wölferbütt
Wenigen-taft
K 102A
K 99
7
Masbach
Mariengart
9
K 102
10
Buttlar
8
Mieswarz
Oechse
Bermbach
K 102
K 100
84
Oechs
278
Otzbach
L 1026
Borsch

# Alles auf einen Blick

**WIE & WANN:**
**Größtenteils kaum befahrende Straßen, asphaltierte und geschotterte Wege, eine lange moderate Steigung auf Bahntrasse. Kaum Einkehrmöglichkeiten, aber schöne Rastplätze. Es empfiehlt sich die Hin- und Rückfahrt auf derselben Strecke, Rückfahrt dauert dank Gefälle nur etwa 1 Stunde. Ganzjährig befahrbar, beste Radelzeit von Frühling bis Herbst.**

**HIN & WEG:**
**Auto:** Parkplatz Schloss, 36269 Philippsthal (Werra) (GPS: 50.84095, 10.00636)
**ÖPNV:** Keine direkte Anbindung an die Strecke

**ESSEN & ENTSPANNEN:**
**Ristorante Pizzeria Pulcinella** ❷ Schloss 8, 36269 Philippsthal (Werra), Tel. (0 66 20) 2 05 98 47
**Sängerwiese** ❼ Zur Sängerwiese 10, 36419 Buttlar, Tel. (0 15 22) 3 05 66 12
**Landhaus Zimmermann** ❽ Mieswarz, 36419 Buttlar, Tel. (03 69 67) 7 15 22

**ENTDECKEN & ERLEBEN:**
**Schloss Philippsthal** ❶ Führungen Grenzmuseum Tel. (0 66 20) 92 10 15
**Landesgrenze** ❸
**Kalibergwerk** ❹
**Bahnhof Pferdsdorf** ❺
**Rastplatz Bahnhof Wenigentaft** ❻
**Verladestation** ❾
**Rastplatz mit Aussicht** ❿

Entspannung ✱✱✱✱
Genuss ✱
Romantik ✱✱✱✱✱

Steinmühle Ottrau

- 35 Kilometer
- 225 Höhenmeter
- 4 Stunden
- Streckentour

Wir starten unsere Tour auf dem Bahnradweg Rotkäppchenland am Beginn der alten Trasse in unmittelbarer Nähe zum Abzweig von der Bahnlinie Frankfurt–Kassel. Hier, direkt gegenüber der kleinen Privatbrauerei Friedrich Haaß, befindet sich auch der **Großparkplatz Haaßehügel**. Kommt man vom **Bahnhof Treysa,** fährt man über die Bahnhofstraße in östlicher Richtung, überquert auf einer Brücke die Bahngleise und biegt dahinter links ab zum Startpunkt. Nach weniger als 2 Kilometern trifft man auf den Radweg am Beginn der Bahntrasse.

Wir radeln nach Osten in Richtung Neukirchen zunächst durch ein Industriegebiet, dann durch einen künstlichen Taleinschnitt, gefolgt von einem langen geraden Abschnitt durch die Schwalmauen. Nach insgesamt weniger als 3 Kilometern Fahrt leuchten uns die Sonnenschirme von der Terrasse des Restaurant **Pizza und Pasta Malo ❶** entgegen, das sich im ehemaligen Bahnhof von **Ziegenhain** etabliert hat. Gleich nach dem Lokal kann man links über die **Festungsstraße** einen lohnenden Abstecher in die 500 Meter entfernte einzigartige **Altstadt** machen.

*Am Bahnhof Ziegenhain befindet sich eine der modernen Radstätten, die der Bund entlang des Radwegs Deutsche Einheit errichten lässt. Die Stationen bieten Werkzeug, Touch-Panel-PC, W-LAN Hotspot, Ladestationen für Fahrrad- und Handyakkus und anderes mehr.*

Die **Altstadt von Ziegenhain** liegt auf einer von einem Festungsgraben heute noch vollständig umschlossenen Insel, die im 16. Jahrhundert als uneinnehmbar geltende Wasserfestung errichtet wurde. Wir fahren über die Brücke, die heute anstatt der ursprünglichen Zugbrücke das Wasser überquert, und erreichen zuerst das **Hotel Restaurant Rosengarten ❷**

# Märchenhaft

## Auf dem Rotkäppchen-Radweg

Hotel Restaurant Rosengarten

mit guter Küche und wunderschönem Biergarten. Vor dem mit historischen Gebäuden umgebenen Paradeplatz im Zentrum befindet sich in einem ehemaligen Kommandantengebäude das **Museum der Schwalm.** Es widmet sich als Heimatmuseum im Rotkäppchenland der lokalen Geschichte mit Schwerpunkt Schwälmer Tracht. Gegenüber befindet sich die barocke **Schlosskirche** aus dem 17. Jahrhundert. Rechts von ihr steht das **Renaissanceschloss,** das die Landgrafen von Hessen als Residenz erbauten. Seit 1842 dient die gesamte Anlage als Gefängnis – bis heute.

*„Es war einmal ein kleines Mädchen. Die Großmutter schenkte ihm ein Käppchen von rotem Samt, und weil ihm das so wohl stand und es nichts anderes mehr tragen wollte, hieß es nur das Rotkäppchen." Zweifellos wurden die Gebrüder Grimm durch die Schwälmer Tracht inspiriert.*

Wir fahren auf demselben Weg zurück zum Radweg und weiter in Richtung Neukirchen durch die ebene Landschaft, die durch viele Wiesen, Weiden und Baumreihen reizvoll gestaltet ist. Links des Wegs schlängelt sich die Schwalm durch die Ebene, die ab Loshausen von der Grenff abgelöst wird. Am Wegesrand bei der Abzweigung nach **Loshausen,** wo auf einem alten Industrieschornstein eine Storchenfamilie wohnt, sehen wir die holzgeschnitzte **Skulptur Rotkäppchen** ❸. Sie wurde 2013 von der Künstlerin Kristina Fiand erschaffen und zeigt Rotkäppchen, das sich aus dem Wolfspelz einen schützenden Umhang genäht

hat. Wenig später treffen wir bei einem Stoppschild auf eine Straße. Wenn wir hier, statt geradeaus auf dem Radweg weiterzufahren, schräg rechts abbiegen, kommen wir auf einem Landsträßchen nach **Zella**. Am Ortsanfang liegt links der **Landgasthof Bechtel 4**, der mit seinem Emblem „Hessen à la Carte" für gehobene hessische Küche wirbt. Zella ist ein nettes Bauerndorf, wie man es noch von früher kennt, mit alten Fachwerkhöfen, vor denen Misthaufen dampfen und wo man Ziegen und Gänsen begegnen kann. Wenn wir nach dem Gasthof den ersten Weg links abbiegen, kommen wir zurück zum Radweg. Wir überqueren die **B 254** an einer Fußgängerampel und fahren weiter durch das ein wenig enger werdende Tal. Die Ausläufer des Knüllgebirges rücken langsam etwas näher.

Am Ortsrand von **Neukirchen** liegt links des Wegs an einem Teich das malerische Ensemble der **Wiesenmühle 5**. Danach führt der Radweg unter hohen Bäumen entlang bis zu einer weiteren **Radstätte**. An der können wir links abbiegen, um die nahe **Altstadt** von Neukirchen zu besuchen, die noch viel alte Bausubstanz besitzt. Allerdings wird das Stadtbild, das sehr malerisch sein könnte, von viel Leerstand und Verfall getrübt. Aber trotzdem lohnt sich der Besuch des Zen-

## Für die Seele

Vorbei an historischen Städtchen im Schwälmer Land mit Fachwerkhäusern und Störchen, entspannt hinauf in die malerische Hügellandschaft des Knüllgebirges mit seinen Mühlen radeln.

trums mit einigen schönen Fachwerkbauten und vor allem der gotischen **Nikolaikirche,** die tagsüber geöffnet hat, mit ihren alten Fresken. Ferner lohnen noch das **Märchenhaus** 6, in dem sich auch die **Tourist-Information** befindet, und auch das **Mühlenviertel** entlang des Mühlkanals unterhalb der Altstadt. Im **Landhotel Combecher** 7 (ebenfalls Hessen à la Carte) in der Stadtmitte kann man zum Essen einkehren.

Zurück auf dem Radweg radeln wir durch einen Park und treffen dann auf ein Stoppschild, an dem wir die **Bahnhofstraße** überqueren und vorbei am alten Bahnhofsgebäude durch ein kleines Industriebgebiet fahren. An dessen Ende werden wir wieder auf die Bahntrasse geleitet und finden uns schlagartig in einer idyllischer Auenlandschaft wieder, links des Wegs von der Grenff begleitet. Langsam steigt der Weg in dem enger werdenden Tal etwas an. Links von uns erkennen wir das verschlafen daliegende Dörfchen **Nausis,** zu

Märchenhaus in Neukirchen

Radwegkirche in Nausis

dessen Kirche wir einen kurzen Abstecher machen können. Kurz vor einer Brücke führt ein Weg rechts hinunter in den Ort und zur offenen evangelischen **Radwegekirche** ⑧. Vorbei am ehemaligen Bahnhof mit Infotafel fahren wir weiter leicht ansteigend durch das grüne Tal, passieren den Weiler **Kleinropperhausen** und treffen in der Gemarkung Ottrau an einem Stoppschild auf eine Landstraße. Sie führt links hinunter zu einem weiteren kleinen Weiler mit der **Steinmühle** ⑨. Das malerische Ensemble mit aktivem Wasserrad und Mühlenmuseum ist offen zugänglich und äußerst sehenswert.

30 Meter nach der Straßenkreuzung liegt ein **Rastplatz** am Radweg, von dem aus man einen wunderba-

*Die Grenff entspringt bei Görzhain und mündet 22 Kilometer später bei Loshausen in die Schwalm. Auf dieser Strecke lagen 17 Mühlen, eine der größten Mühlendichten in hessischen Mittelgebirgen. Alle ehemaligen Mühlengebäude sind heute noch vom Radweg aus zu sehen.*

Görzhain am Bahnradweg Rotkäppchenland

ren Blick auf das Tal mit dem pittoresken Mühlenensemble hat. Wir fahren weiter und kommen dabei bald am **Bahnhof Ottrau** vorbei, wonach wir erhöht auf einem Bahndamm fahren, der uns einen herrlichen Ausblick auf die hügelige Landschaft bietet. Nach einer langen Linkskurve erreichen wir **Weißenborn,** das am Fuße des Kirschenwalds oder Räuberswalds, einem Ausläufer des Knüllgebirges, gelegen ist. Über einen Abzweig nach rechts erreicht man den **Landgasthof Kalkberg-Schänke ⑩**, von dessen Terrasse aus man herrlich über die gesamte Region blicken kann. Zuvor lohnt aber ein Anruf, ob der Familienbetrieb geöffnet hat.

Durch einen tiefen Einschnitt ins Gelände durchqueren wir Weißenborn und haben danach einen grandiosen, unendlich weiten Blick Richtung Westen über die sanft hügelige Landschaft am Rande des Knüllgebirges. Es lohnt sich hier zu halten, um das Panorama auf sich wirken zu lassen. Weiter geht es zunächst relativ eben durch die offene Landschaft. Bald aber geht es noch ein letztes Mal leicht bergauf durch einen Wald, bis wir schließlich bei **Olberode** den höchsten Punkt der Tour erreichen. Wie zur Belohnung erwartet uns hier am ehemaligen Bahnhof das **Minicafé** ⑪ mit nettem kleinem Biergarten. Außer Getränken wird original thailändische Küche geboten, von der netten Wirtin selbst zubereitet. Seit Ziegenhain ist dies die erste und letzte Einkehrmöglichkeit direkt am Radweg, die obendrein täglich – ohne Ruhetag – von mittags bis abends geöffnet hat.

Von nun an geht es stetig bergab Richtung **Hausen.** Der kleine Ort mit dem Gestüt Höny und dem kleinen Renaissanceschloss taucht immer wieder vor uns unten im Tal auf. Schließlich halten wir am Stoppschild bei der ehemaligen Haltestation Hausen und machen einen Abstecher hinunter in den Ort, um einen Blick auf das Schloss zu erhaschen. Über den Schlossweg erreichen wir die schöne, kleine **Kirche** und das im Grünen versteckte unscheinbare Tor, hinter dem die prächtige Renaissancefassade des **Schlosses Hausen** ⑫ aufragt. Es gehört seit 1463 bis heute der Familie von

**Minicafé am ehemaligen Bahnhof Olberode**

Dörnberg, die seinerzeit eine Wasserburg zum Schloss umbauen ließ. Es ist von einem Park mit außergewöhnlich altem Baumbestand umgeben. Zurück auf der Bahntrasse sehen wir links von uns eine alte Lindenallee, die auf das Schloss zuführt und als Naturdenkmal gilt. Nach wenige Kilometern weiter erreichen wir **Oberaula,** in dessen alten Ortskern über die Bahnhofstraße mit dem **Parkhotel Zum Stern** ⑬ die letzte Einkehrmöglichkeit erreicht wird. Das ebenfalls im Restaurantführer Hessen à la Carte gelistete Parkhotel ist täglich mittags und abends geöffnet. Die Mittagsmenüs sind sehr günstig.

Zurück auf dem Radweg können wir noch 1,3 Kilometer auf der hier nun ebenen Bahntrasse weiterfahren, bis wir sie bei **Wahlshausen** unvermittelt verlassen müssen, da sie ab hier nicht ausgebaut ist. Der Bahnradweg Rotkäppchenland führt jenseits der Bahntrasse bis Niederaula weiter, wo der Fuldaradweg anschließt. Von dort führt der heute noch für den Güterverkehr genutzte Abschnitt der Knüllwaldbahn bis Bad Hersfeld.

**Über den Schlossweg erreichen wir die schöne, kleine Kirche**

# Knüllwaldbahn

1907 wurde die neu gebaute Bahnstrecke von Bad Hersfeld nach Treysa, die im Volksmund Knüllwaldbahn genannt wurde, eröffnet. Sie hatte nur regionale Bedeutung und diente vor allem dem Personenverkehr und beim Güterverkehr für den Abtransport von Holz und in der Region abgebauten Basalt. Zahlreiche Firmen hatten einen eigenen Bahnanschluss. Mit dem Rückgang des Personenverkehrs in den 1970er-Jahren begann die abschnittsweise Stilllegung der Strecke. Zuletzt wurde der Güterverkehr zwischen Treysa und Niederaula eingestellt. Zwischen Bad Hersfeld und Niederaula ist die einspurige Bahnlinie allerdings für den Güterverkehr heute noch aktiv, ab dort weiter auf den Gleisen der Gründchenbahn.

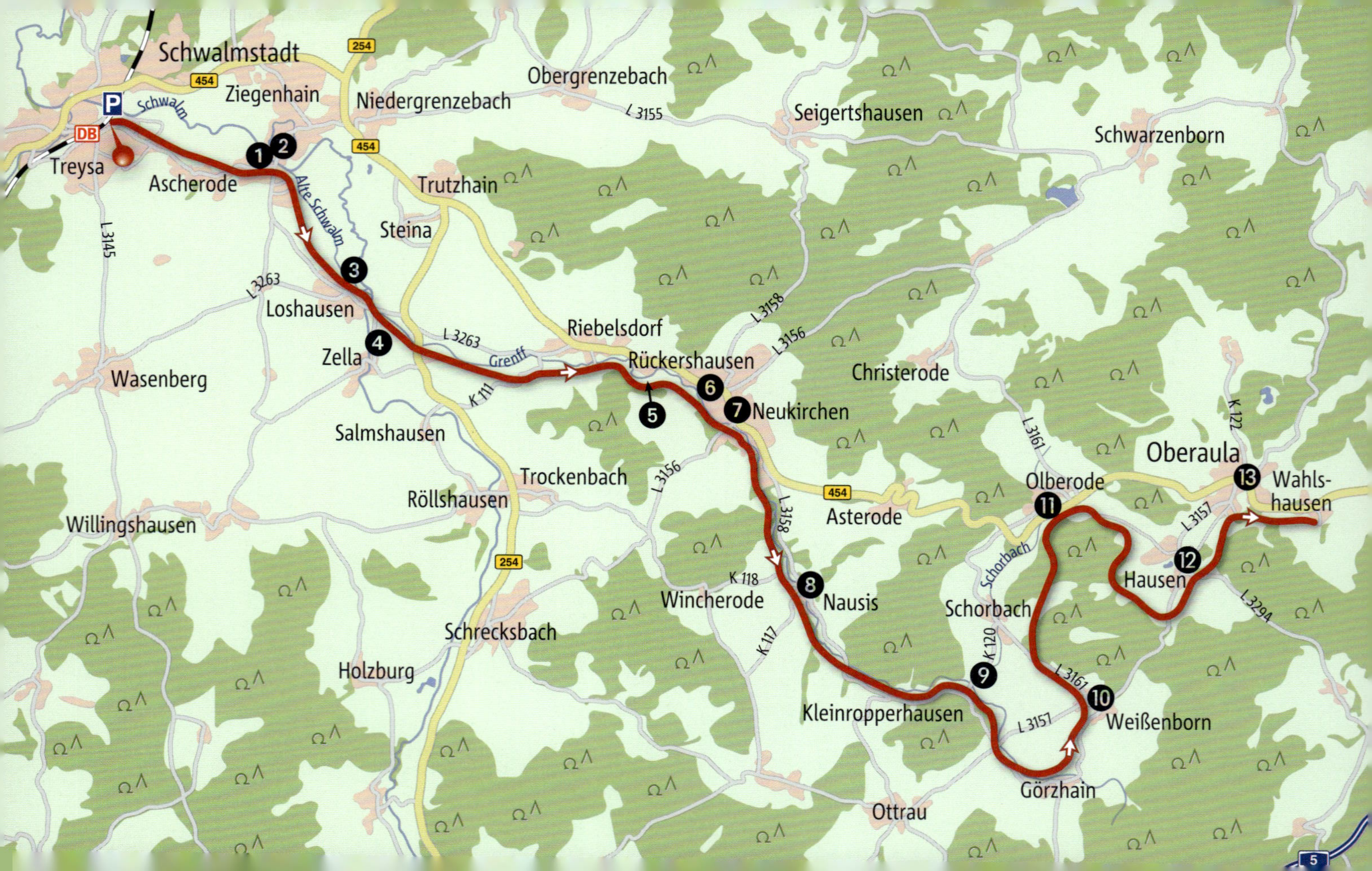

Schwalmstadt
Treysa
DB
P
Ascherode
Ziegenhain
Schwalm
Alte Schwalm
Niedergrenzebach
Obergrenzebach
Seigertshausen
Schwarzenborn
Trutzhain
Steina
Loshausen
Zella
Salmshausen
Wasenberg
Willingshausen
Röllshausen
Trockenbach
Schrecksbach
Holzburg
Riebelsdorf
Rückershausen
Neukirchen
Christerode
Asterode
Wincherode
Nausis
Kleinropperhausen
Ottrau
Schorbach
Görzhain
Weißenborn
Olberode
Hausen
Oberaula
Wahls-
hausen
Grenff
L 3145
L 3263
L 3155
L 3158
L 3156
L 3161
L 3157
L 3294
K 111
K 117
K 118
K 120
K 122
254
454
5
1
2
3
4
5
6
7
8
9
10
11
12
13

## Alles auf einen Blick

**WIE & WANN:**
**Breiter asphaltierter Weg, durchgehend auf Bahntrasse. Geringe und gleichmäßige Steigung auf 20 Kilometern. Mäßige Zahl an Einkehrmöglichkeiten. Ganzjährig gut befahrbar, beste Radelzeit von Frühling bis Herbst.**

**HIN & WEG:**
**Auto:** Parkplatz Haaßehügel, 34613 Schwalmstadt (GPS: 50.91282, 9.19305)
**ÖPNV:** Bf. Treysa (RB, ICE), dann 1,8 Kilometer zum Startpunkt, Bus Linie 470 Bad Hersfeld–Schwalmstadt, von April bis Oktober mit Fahrradanhänger auch zwischen Oberaula und Treysa unterwegs

**ESSEN & ENTSPANNEN:**
**Pizza und Pasta Malo ❶** Erich-Rohde-Straße 1, 34613 Ziegenhain, Tel. (0 66 91) 8 06 10 14
**Hotel Restaurant Rosengarten ❷** Muhlystraße 3, 34613 Ziegenhain, Tel. (0 66 91) 9 47 00, rosengarten-schwalmstadt.com
**Landgasthof Bechtel ❹** Vor der Brücke 4, 34628 Zella, Tel. (0 66 91) 9 46 50, hotel-bechtel.de
**Landhotel Combecher ❼** Kurhessenstraße 32, 34626 Neukirchen, Tel. (0 66 94) 97 80, www.hotel-combecher.de
**Landgasthof Kalkberg-Schänke ❿** Am Kalkberg 1, 34633 Weißenborn, Tel. (0 66 28) 2 53, www.kalkbergschaenke.de
**Minicafé ⓫** Am Stauweiher 5, 36280 Olberode, Tel. (0 66 28) 91 95 15
**Parkhotel Zum Stern ⓭** Hersfelder Straße 1, 36280 Oberaula, Tel. (0 66 28) 9 20 20, www.hotelzumstern.de

**ENTDECKEN & ERLEBEN:**
**Skulptur Rotkäppchen ❸; Wiesenmühle ❺**
**Märchenhaus ❻** Marktplatz 10, 34626 Neukirchen, Tel. (0 66 94) 91 13 50
**Radwegekirche ❽; Steinmühle ❾; Schloss Hausen ⓬**

Entspannung ✱✱✱✱✱
Genuss ✱✱✱✱✱
Romantik ✱✱✱✱✱

Die GPS-Daten zu jeder Tour gibt es auf
www.droste-verlag.de


**Konzeption:** Droste Verlag, Düsseldorf
**Satz:** Vollnhals Fotosatz, Neustadt a. d. Donau
**Einbandgestaltung:** Britta Rungwerth, Düsseldorf, unter Verwendung von Bildern von © Fotolia.com: Andrey Kuzmin, undrey, dabost, niroworld; © Urban Images/Shutterstock.com
**Fotos:** Ernst Wrba
**Karten:** Thorsten David, Bochum
**Druck und Bindung:** LUC GmbH, Greven



FSC www.fsc.org
MIX
Papier aus verantwortungsvollen Quellen
FSC® C011279

ISBN 978-3-7700-2309-7
**www.droste-verlag.de**